Frédéric Lionel
Aufbruch zu neuem Bewußtsein
an der Schwelle des dritten Jahrtausends

FREDERIC LIONEL

AUFBRUCH ZU NEUEM BEWUSSTSEIN
AN DER SCHWELLE DES DRITTEN JAHRTAUSENDS

ARISTON VERLAG · GENF

Andere Werke aus unserem Verlagsprogramm
finden Sie am Schluß des Buches verzeichnet

Aus dem Französischen übersetzt
von Frédéric Lionel

Gestaltung des Schutzumschlages:
H. + C. Waldvogel · Grafik Design

UNE AUTRE CONSCIENCE POUR UN AGE NOUVEAU
Copyright © 1984 Éditions Robert Laffont, Paris

Copyright © der deutschen Ausgabe Ariston Verlag, Genf 1985

ISBN 3 7205 1323 8

Inhaltsverzeichnis

Vorwort

Unruhe und Unsicherheit unserer Zeit, soziale und politische Umwälzungen haben im Abendland eine psychologische Wandlung in Gang gesetzt, deren Folgen unabsehbar sind.

Die Hoffnung auf ein neues Zeitalter wächst. Man wünscht es sich anders als unsere Gegenwart, ohne genau zu wissen wie. Der Traum von einer wunderbaren Welt genügt nicht, um sie entstehen zu lassen. Die Sehnsucht des Menschen nach einem besseren Morgen ist ein Spiegel seiner ewigen Suche nach dem Glück. Doch ist ihm das angestrebte Glück nicht stets entglitten? Und kann er gerade in unserer Zivilisation sein Glück machen? In der heutigen, von Rationalität und Materialismus geprägten Zeit irren die Menschen auf den unsicheren Wegen ihres gefährdeten Daseins umher und stoßen hilflos an die von ihnen selbst errichteten Schranken, die sie am Glücklichsein hindern.

Willkür, Gewalttätigkeit und Fanatismus haben einen psychopathologischen Zustand herbeigeführt, der die Lösung der Probleme erschwert, dem das so rationale Zeitalter, das jetzt seinem Ende entgegengeht, nicht gewachsen war. Das neue Zeitalter wird die Hoffnung des abendländischen Menschen nur erfüllen, wenn er, mit Recht stolz auf seine Wissenschaft und Technik, die Macht, die sie ihm ver-

leiht, in den Dienst einer anderen, einer höheren Sicht des
Lebens stellt, indem er sich einem neuen Bewußtsein öffnet.

Wir müssen einsehen lernen, daß die dunklen Wolken
am Horizont unserer aus den Angeln gehobenen Welt die
Folgen unserer eigenen Fahrlässigkeit sind. Auch ist es an
der Zeit, die vielen Propheten des Untergangs Lügen zu
strafen.

Astronomisch gesehen verläßt das Sonnensystem in seinem unaufhaltsamen Vorrücken das Sternbild der Fische
und tritt in das des Wassermanns ein. Steht uns damit eine
»Götterdämmerung« bevor oder der Anfang eines Glück
verheißenden Zyklus? Kann der abendländische Mensch,
Erbe von Alexandrien, Athen, Rom und Nazareth, wieder
hoffen und an eine sich aufhellende Zukunft glauben? Oder
signalisieren etwa der Niedergang wesentlicher Werte und
die sich ausbreitende Zügellosigkeit unserer Zeit den Untergang einer Kultur, deren Urgrund im Mittelmeerraum zu
suchen ist? Die quälende Angst des Menschen in Hoffnung
zu verwandeln ist keine leichtzunehmende Aufgabe, zumal
nicht nur das Glück der Menschheit, sondern ihr Fortbe-
stand auf dem Spiel steht. Die Zweifel sind verständlicher-
weise groß, wenn man von einer Wandlung spricht. Aber ist
dies ein ausreichender Grund, den Wandel nicht wenigstens anzustreben? »Die Leiden, die die Menschheit bedrük-
ken, sind die Früchte ihrer Wahl«, meinte PYTHAGORAS.

Wenn dem so ist, können wir dann überhaupt die richtige
Wahl treffen? Um auf eine so wesentliche Frage eine Antwort geben zu können, muß man den Dingen auf den
Grund gehen. Wo liegen die Ursachen des scheinbaren Verfalls? Welche Faktoren beschleunigen ihn? Sollen wir die
Hoffnung aufgeben oder nicht doch versuchen, eine »Renaissance« wachzurufen? Geschichte und Kultur sollten

für uns Menschen des Abendlandes Grund genug sein, uns der Herausforderung zu stellen.

Vielleicht wird mit dem neuen Zeitalter das Versprechen einer strahlenden Zukunft eingelöst werden können. Vielleicht – denn Voraussetzung ist, daß es den Menschen gelingt, dem Joch der Gewalttätigkeit und der Leidenschaft zu entrinnen, dem sie so lange unterlagen. Dabei muß klar sein: Die Menschen, das sind wir, jeder einzelne. Es liegt an uns. Nur wenn wir das erkennen, können wir eines Tages trotz aller Wirren und Kämpfe das Licht einer schöneren Welt erhoffen.

Immer wieder – das beweist die Geschichte der Menschheit wie auch der einzelnen Menschen – ereignet sich der großartige Augenblick, in dem Gegner von gestern, des Kampfes müde, die Vernunft, die Tochter der Weisheit, entdecken. Die Stunde der Vernunft hat vielleicht noch nicht geschlagen, aber sie anzustreben entspricht dem Gebot unserer Zeit und ist unsere Pflicht. Annahme oder Ablehnung dieser wesentlichen Aufgabe ist die fundamentale Frage, die dem Abendland gestellt ist. Die Wahl ist entscheidend. Die Zukunft der Zivilisation hängt von ihr ab.

Erster Teil:
Ursachen und Folgen
eines scheinbaren Verfalls

Der geheimnisvolle Spiegel
der reinen Wahrheit

Es heißt, die Welt sei der Spiegel der reinen Wahrheit. Im folgenden wollen wir nun in diesen Spiegel blicken, ohne seine Oberfläche mit dem Hauch unserer Angst und Voreingenommenheit zu trüben.

Lassen wir einmal jedwede Bedingtheit beiseite, sei sie intellektueller, sozialer oder religiöser Natur, um die Dinge so zu sehen, wie sie in ihrem Wesen sind. Das ist keine leichte Aufgabe! Verwirrung herrscht hinsichtlich unserer drängendsten Probleme. Wir ordnen sie, losgelöst von ihrem Entstehungszusammenhang, bestimmten Kategorien zu und sind der Meinung, sie auf diese Weise unter Kontrolle bringen zu können. Das Ergebnis dieser Selbstgewißheit sind Scheinlösungen.

Die ganze Welt ist in Aufruhr. Erst ein Verständnis der Ursachen der Verwirrung und des Aufruhrs und der aus ihnen resultierenden Angst setzt uns instand, einen die Zukunft überschauenden Standpunkt einzunehmen und die Dinge so zu sehen, wie sie in ihrem Wesen sind.

Wir sind ein Produkt der Vergangenheit, unser Leben vollzieht sich in der Gegenwart, und unser Verhalten determiniert die Zukunft. Daraus folgt, daß wir selbst das neue Zeitalter gestalten und daß wir also auch die Verantwortung dafür tragen. Daher müssen wir, frei von Illusionen, in

jenen geheimnisvollen Spiegel blicken, der die Welt ist. Um
jedoch die Grundursachen des gegenwärtigen Zustands zu
verstehen, müssen wir uns über die herrschende Verwirrung
erheben. Nur dann wird es uns gelingen, eine Ordnung in
das Stückwerk zu bringen und jenen Faden aufzufinden,
aus dem die Parzen das Schicksal der Menschheit spinnen.

Wenn bestimmte Ereignisse und Entwicklungen, die in
den folgenden Kapiteln beschrieben werden, nicht in ihrer
chronologischen Ordnung behandelt werden, so liegt der
Grund darin, daß sie jenseits ihrer historischen Bedeutung
eine stetige Entwicklung veranschaulichen, deren Verständnis wesentlich ist. Dieser Prozeß entfaltet sich unaufhörlich, aber unsere Unwissenheit läßt uns handeln, ohne
daß wir überhaupt bemerken, daß wir Opfer unserer eigenen Entscheidungen sind.

Wenn wir bei der Betrachtung des Weltgeschehens jenen
Faden aufspüren, der alle Ereignisse miteinander verknüpft, so werden wir erkennen, daß alles mit allem zusam-
menhängt – wie die Perlen einer Halskette.

Wir sprechen von einem Sinn der Geschichte, nicht jedoch vom Sinn der evolutionären Entfaltung. So machen
wir es uns bequem, ersetzen unsere Verantwortlichkeit
durch eine Illusion und ignorieren einfach die Gesetze des
Lebens. Solange wir behaupten, den Sinn der Geschichte zu
verstehen und uns ihren Einschränkungen zu unterwerfen,
und dabei übersehen, daß unser eigenes Verhalten den
Gang der Geschichte prägt, so lange leugnen wir das Offenkundige. Diese Leugnung ist um so bedauerlicher, als die
Geschichte eine einzige Chronik unserer Selbstentfaltung
darstellt.

Wenn aus Unwissenheit, Ehrgeiz oder Unverstand
menschliches Handeln sich dem Gesetz des Lebens wider-

setzt, so wird die Dynamik des Lebens selbst alle Hindernisse, die sich ihr in den Weg stellen, umstürzen. Kriege, Revolutionen, Epidemien und Katastrophen sind nur Folgen mangelnder Voraussicht auf seiten des Menschen. Sie zwingen uns, unseren Mangel an Voraussicht und die Ursachen unserer Unvernunft am eigenen Leib zu erfahren.

»Nicht meinen Willen, sondern den Willen des Vaters erfülle ich«, sagte JESUS. Der Wille des Vaters ist Ausdruck des Lebensgesetzes, und dieses Gesetz ist ein Grundelement der Weltgeschichte.

Wenn wahrhaft inspirierte Menschen aktiv an der Entfaltung des Weltprozesses mitwirken, so rufen sie Zivilisationen ins Dasein, in denen sich der menschliche Genius in seinem ganzen Facettenreichtum zum Ausdruck bringt.

Jede menschliche Leistung ist jedoch letztlich dem Verfall preisgegeben, und Menschen, die sich als zivilisiert bezeichnen, vermehren heutzutage unbewußt die Symptome des Verfalls. Dies ist nicht unvermeidlich; denn überall in der Welt offenbart sich eine Sehnsucht, die die Intensität der Suche nach dem Wesentlichen bezeugt. Auch wenn gewisse Übertreibungen bedauerlich sein mögen, so bekunden sie trotz alledem immer noch die Vitalität jener existentiellen Suche nach dem Sinn des menschlichen Erdendaseins.

Selbst in den dunkelsten Stunden ist Hoffnung möglich; denn die unerschöpfliche Dynamik des Lebens pulsiert unaufhörlich im Schmelztiegel der Welt. Der bewußte, erwachte und weise Mensch kann durch sein sichtbares und unsichtbares Wirken, wenn es sich in vollkommenem Einklang mit den Lebenskräften der Natur befindet, harmonisch ordnen, was in Unordnung geraten ist. Er kann in völliger Übereinstimmung mit seiner menschlichen Aufga-

be seine schöpferischen Kräfte jenen Energien »gleich-
schalten«, die im Kosmos walten. Dies ist seine Berufung.

Um uns diese Möglichkeit zu vergegenwärtigen, wollen wir
uns zu einem Zeitpunkt, da ein Zyklus in der Entfaltung
des Weltprozesses seinem Ende entgegengeht, die historischen Entwicklungslinien der vergangenen zweitausend
Jahre ansehen, deren Endergebnis unsere gegenwärtige Zivilisation ist.

Wir Menschen des Abendlandes sind auf der Suche nach
uns selbst, ohne uns selbst und jene Grundwahrheiten zu
kennen, die das Fundament einer wahren Selbstentfaltung
bilden könnten. Da unsere Ideen und Vorstellungen ständig aufeinanderprallen und nur selten übereinstimmen,
breiten Zweifel sich aus. Zweifel können uns den Weg zur
Wahrheit weisen, sofern wir dem Despotismus der Ideen
entgehen, in denen sich nur Meinungen kristallisieren, die
wiederum unser Verhalten beeinflussen.

Unsere Hauptaufgabe besteht nach IMMANUEL KANT
darin, herauszufinden, was wir tun müssen, um wahre
Menschen zu werden. Die Ablehnung dieser Grundwahrheit wird nur allzu deutlich angesichts der Unmenge von
Theorien und Dogmen, die uns die Lösung aller Probleme
verheißen.

In einem Jahrhundert, das Zeuge der Freisetzung der
Atomenergie geworden ist, klammern wir uns an geistige
Projektionen, die erwiesenermaßen falsch sind. Wir halten
an unseren Überzeugungen fest, da wir nicht über den Mut
verfügen, sie »loszulassen«.

Der grundlegende Irrtum, den alle Theorien, Dogmen
und Systeme widerspiegeln, entspringt der Mehrdeutigkeit
der beiden – ganz und gar nicht gleichbedeutenden – Wör-

ter »sein« und »existieren«. Tatsächlich offenbart sich die
Wirklichkeit des »Seins« in der »Existenz« oder dem »Dasein«, da der Mensch ein Wesen ist, das in seiner Leiblich-
keit einer ganzen Reihe von physischen, emotionalen und
geistigen Mechanismen zum Dasein verhilft; auf diese Weise ermöglicht er es dem Leben, das ihn durchpulst, sich zum
Ausdruck zu bringen. Daher ist es seine Pflicht, einerseits
ein harmonisches Arbeiten seiner Körperfunktionen
sicherzustellen und andererseits dafür Sorge zu tragen, daß
seine wesentlichen Ausdrucksmöglichkeiten seine wahre
Bestimmung offenbaren. Auf diese Weise, indem er *gut ist*
und nicht etwa einfach nur *das Dasein genießt*, entwickelt
er seine eigenen Fähigkeiten und wird Meister seines
Schicksals.

Außerstande, die unaufhebbare Dualität von Körper
und Geist zu überwinden, verwickeln wir uns auf allen Ebenen in Widersprüche, weil wir die Einheit dieser Polarität
nicht begreifen. Unser Verhalten entspricht daher schon
lange nicht mehr einem Jahrhundert, in dem Wissenschaftler bestrebt sind, das Mysterium des Universums und somit
der Menschheit in eine einzige Formel zu bannen.

Wenn wir den Anschluß an den universalen Evolutionsprozeß nicht verlieren wollen, müssen wir Ordnungsprinzipien entwickeln, wie sie neben einer der Zahl nach geringen
Elite deutlich vernehmbar auch einer Jugend vorschweben,
die unsere sterile, auf Rentabilität und Profit ausgerichtete
Gesellschaft ablehnt. Eine solche harmonische Ordnung
läßt sich nur mit Hilfe eines fundamentalen Wandels unserer Denkgewohnheiten herbeiführen, also durch eine psychologische Revolution. Das ist der Preis, den wir für eine
Wiedergeburt unserer abendländischen Kultur zu zahlen
bereit sein müssen.

Eine solche Renaissance würde uns, der älteren Generation, unsere menschliche Berufung und somit den Sinn unserer Existenz offenbaren. Dies wäre aber auch heilsam für
die jüngere Generation, die auf der Suche ist und, weil sie
bei Dogmen keinen Halt mehr findet, glaubt, mit Hilfe von
Drogen und Gewalttätigkeit ihrer inneren Leere zu entkommen. Die ältere Generation sollte der Jugend die Sinn-
losigkeit solchen Verhaltens vor Augen führen. Verbote
sind nutzlos; nur die Erfahrung eines steten geistigen Fortschritts kann ansonsten ungreifbare Wahrheiten enthüllen.

Aus der Distanz betrachtet erscheinen uns die Bruder-
kämpfe im alten Griechenland heute nur noch als sinnlos,
geblieben ist nur ihre Vergeblichkeit. Auf der anderen Seite
sind wir stolz auf das erhabene Erbe einer Kultur, die die
Wiege der unseren geworden ist. In diesem inneren Widerspruch ist eine Wahrheit enthalten, die es zu bedenken gilt.

Das erhabene Gleichmaß, das uns die griechische Kunst
offenbart hat, ist unserer Seele eingeschrieben. Wir sind uns
bewußt, daß der pythagoreische Geist bereits fünf Jahrhunderte vor Christi Geburt den Himmel von Attika erleuchte-
te. Wir bewundern die antiken Tempel oder ihre Überreste
und erleben in unserer Phantasie noch einmal die Pracht jener Heiligtümer, in denen die Religion Altgriechenlands
ihre Mysterien entfaltete, in denen Höhepunkte des Erle-
bens andächtiger und begeisterter Menschen zum Ausdruck
kamen, die unser geheiligtes Erbgut sind.

Wir wären nicht, was wir sind, ohne die Auseinandersetzung mit jenen Spitzenleistungen des menschlichen Geistes,
die unser aller abendländisches Erbe sind. Es ist unsere
Pflicht, diesen Schatz zu hüten und zu vermehren.

KAPITEL 2

Tradition und Humanismus als Grundlagen der Freiheit

Beeindruckend und tragisch, erhaben und schändlich sind die Höhen und Tiefen der Menschheitsgeschichte. Ihre vielschillernden Aspekte sollen umgesetzt werden, damit wir zu einer neuen Qualität unseres Lebens gelangen können.

Ein genialer Mensch wäre sicherlich imstande, in einer unserer Zeit entsprechenden klaren und flüssigen Sprache den tiefen Sinn und die Magie einer Überlieferung zu vermitteln, die die Quintessenz langer menschlicher Erfahrung enthält. Er würde sich der allgemein herrschenden Angst annehmen und diese in eine geschichtlich begründete Hoffnung auf eine erfülltere Zukunft zu verwandeln verstehen. Die Überlieferung ist das Band, das unser Gestern mit dem Heute verbindet; sie ist das Gesetz, das den Weg weist. Ihre Wurzeln liegen in dem, was war, und sie weist hin auf das, was sein wird. Alles Bestehende trägt den Stempel der Evolution und ist sowohl Frucht der Vergangenheit als auch Samen der Zukunft. Der stammesgeschichtlichen Entwicklung wohnt eine vitale, universelle Energie inne, eine unerschöpfliche Dynamik, die einer bestehenden, ordnungheischenden Idee unterliegt, um immer angepaßtere Lebewesen an die Stelle anderer zu setzen, die in der Ewigkeit der Zeit verschwinden.

Die Überlieferung ist somit kein Dogma und kein Sy-

stem. Sie wird sowohl auf den Hochebenen von Tibet als
auch in der imposanten Masse der Pyramiden, in den vom
Alter gezeichneten Dolmen, den Megalithgräbern West-
und Nordeuropas wie auch im Allerheiligsten der Geburts-
kirche von Jerusalem bezeugt.

Aus seinem reichen Erfahrungsschatz brachte die Neuzeit des Abendlandes allen Stürmen zum Trotz als Kleinod
menschlicher Bildung den Humanismus hervor. Das Bil-
dungsideal des Humanismus ist allerdings nicht als eine
Anhäufung intellektueller und philosophischer Anschauungen zu verstehen, sondern als Grundlage der Entfaltung
eines Denkens und Handelns, das die Würde des Menschen
und das Wohlergehen der Menschheit über alles setzt.

So gesehen stellt sich der Humanismus als Ergebnis einer
wesentlichen inneren Entdeckung und als Maßstab des
Menschen für seine eigene Sinngebung und Entwicklung
dar. Humanistisches Denken und Handeln setzen eine
Grundhaltung der Harmonie und das Bewußtsein einer allumfassenden Einheit voraus. Einem solchen Bewußtsein
muß jede starre Klassifizierung willkürlich erscheinen, und
sie ist das auch, weil sie das Ineinandergreifen gegensätzlicher Phänomene tarnt und die sie verbindenden Beziehungen verhüllt.

Humanismus kann nur auf dem Boden der Freiheit gedeihen, die erst den Ausdruck größtmöglicher und unter
Umständen bis zur Genialität gesteigerter Originalität ermöglicht. Er ist Ausdruck eines Freiheitsprinzips, das in allen Lebensäußerungen eines Menschen, ganz gleich auf
welchem Gebiet, zur Geltung kommt und das die wesentlichen Werte hochhält, die der Mensch achten muß; tut er es
nicht, verletzt und entwürdigt er seine Natur, die vor allem
anderen ein Spiegelbild kosmischer Harmonie sein sollte.

Um vorweg eine Schlußfolgerung zu ziehen und eine Behauptung aufzustellen, deren Richtigkeit noch erst zu beweisen sein wird, könnte man sagen, daß das Abendland zu einem Humanismus berufen war und ist, der den Menschen zum Maßstab aller Dinge setzt, weil er seinem Wesen nach das Spiegelbild einer höheren, transzendenten Ordnung ist. Die Tatsache, daß in unserem Jahrhundert die Maßlosigkeit dem Maßvollen ganz offensichtlich vorgezogen wurde, darf uns nicht entmutigen. Glanzvollen Höhepunkten folgten schmerzliche Tiefpunkte, diese wie jene kennzeichnen unsere Zivilisation, und gerade in diesem ständigen Auf und Ab macht sich immer wieder der Genius des Menschen geltend.

Zahlreiche beunruhigte Menschen versuchen heutzutage, die Ursachen der längst sichtbar gewordenen Verfallserscheinungen zu ergründen, und diese Ursachen verdienen unsere volle Aufmerksamkeit. Wir sollten jedoch schrittweise vorgehen und uns gegenüber vorgegebenen Beeinflussungen, die uns eine objektive Sicht verstellen, abschirmen.

Obschon unverkennbare Anzeichen das Kommen eines neuen Zeitalters ankündigen, wird dessen Eintritt von uns abhängig sein. Es muß uns gelingen, in die Errungenschaften moderner Wissenschaft und Technologie geistig-seelische Energien einfließen zu lassen. In der überheblichen Fehlannahme, die Wissenschaft könne alle unsere Probleme lösen, haben wir in verhängnisvoller Weise das Geistige vernachlässigt.

Dieses Geistige kommt heutzutage in den am weitesten vorangetriebenen Theorien der Grundlagenforschung zu neuer und überraschender Geltung. Die Wissenschaft nähert sich mehr und mehr der Metaphysik an: sie hat das

Stoffliche der Materie aufgelöst und ist untergetaucht in die
Erforschung der Welt des infinitesimal Kleinen, das unser
logisches Denken ins Schwanken bringt.

Der Mensch als Beobachter sieht sich nur noch einem
Energiewirbel gegenüber, der er selbst ist. Die Forschungsergebnisse der modernen Physik zwingen ihn, die Vorstellung, die er von sich selbst und der Welt hatte, völlig zu ändern und zu einer neuen Weltsicht zu finden.

Wir erkennen oder sollten erkennen, daß im Wassermann-
zeitalter Wissenschaft und Weisheit des Geistes, die so lange verschüttet war, eine symbiotische Verbindung eingehen
werden. Wir müssen auch begreifen, daß unsere Kultur in
der Nachfolge früherer Kulturen steht, deren schöpferische
Hochleistungen unvergänglich sind.

So hat insbesondere die Pharaonenkultur die geistige
Entwicklung des Abendlandes zutiefst beeinflußt. Altägyp-
tische Weisheit, die eine Fülle geheimen Wissens in sich
einbegriff, kam uns über zwei Hauptströmungen zu. Zum
einen geht deren Überlieferung auf Moses zurück, der die
Stämme Israels in das Gelobte Land führte und ihnen die
Bundeslade hinterließ, die die Essenz dieses Wissensgutes
enthalten haben soll. Zum anderen waren es PYTHAGORAS
und in seiner Nachfolge die altgriechischen Naturphiloso-
phen und Denker, die, wie er, aus dem alten Schatz ägypti-
scher Weisheit schöpften.

Die Vergegenwärtigung des Wesentlichen und Unver-
gänglichen, das uns Kulturen der Vergangenheit hinterlassen haben, sollte uns ermöglichen, Irrwege, die eine blinde
Menschheit nehmen könnte, zu vermeiden. Indem wir die
Lehren einer Tradition, die grundlegende Erfahrungen
widerspiegelt, lebendig erhalten, errichten wir gleichsam

Wegweiser, die an den geschichtlich bedeutenden Kreuzungspunkten menschlicher Wanderung unerläßlich erscheinen.

Deshalb gilt es, das alte Ägypten als strahlendes Zentrum einer Zivilisation und Kultur zu entdecken, deren geistige, künstlerische und symbolische Schöpfungen eine zeitlose Sprache sprechen. Die Pyramiden vermitteln den Schlüssel zu einer spirituellen Geometrie. Die Mythen verweisen auf das Unsagbare. Die Astrologie offenbart die Beziehungen, die den Menschen mit dem Kosmos verbinden. Und die Alchimie, die in Ägypten ihren Ursprung nahm, hat zur Entfaltung der wissenschaftlichen Entwicklung in besonderer Weise beigetragen.

Das sind nur einige Beispiele unter vielen zur Bezeugung eines reichen Erbgutes, das weitgehend in Vergessenheit geriet. Die Vielfalt der Aspekte dieser facettenreichen Hochkultur zu beleuchten ist hier nicht möglich. Doch wir können versuchen, uns zu erheben, um unsere Welt von oben her zu betrachten und das Wesentliche einer Tradition zu erkennen, die uns den Weg zur Initiation weist – wobei wir unter »Initiation« einen Neubeginn verstehen wollen.

Selbst eine nur summarische Überprüfung des Warum und Wohin menschlicher Bestimmung anhand der Erkenntnisse und Erfahrungen, die uns die Vergangenheit beschert, kann uns zu wertvollen Schlußfolgerungen führen. Dies allein schon rechtfertigt, daß wir uns mit unserer Vergangenheit befassen. An gewissen Wendepunkten der Geschichte tritt zutage, daß die legitimen Erben, die die Annahme ihres kulturellen Erbgutes verschmäht haben, am Geist ihrer Zeit und so am Wesentlichen vorbeigehen. Man kann es ihnen nicht vorwerfen, es geschieht aus Unwissenheit. Berauscht von den Verheißungen, die ihnen die triumphierende Wissenschaft vorgaukelt, haben sie vergessen, daß die Sprache einer jahrtausendealten Überlieferung anderes Wissen vermittelt als jene, die von der Mehrzahl der ihrer Vergangenheit gegenüber gleichgültigen Menschen verstanden wird.

Gleichwohl ist – meist allerdings nur unbewußt – der Wunsch lebendig, aus den Reichtümern der Schatzkammer Ali Babas zu schöpfen, wohl weil vielleicht, wie ANDRÉ LA- BARTHE festgestellt hat, die unmittelbar wahrnehmbare Erscheinungswelt nur eine Scheinwelt darstellt, die die im täglichen Umgang mit ihr an sie gewöhnten Menschen blind macht.

Die unmittelbar erfahrbare Welt der Erscheinungen muß überschritten werden. Nur so können wir uns dessen, was sie verschleiert, bewußt werden. Folgerichtigerweise ist es auch unerläßlich, jede Voreingenommenheit fallenzulassen, andernfalls wir die Problematik unserer Zeit nicht vorurteilsfrei erkennen können.

Ein kurzer Rückblick
in die Vergangenheit

»Alles bewegt sich im Herzen des unbewegten Ureinen
dank der erhabenen und ehrfurchtgebietenden Magie des
Rhythmus«, sagten die Alten. Rhythmus als Offenbarung
der Bewegung des Lebens wirkt durch die Weiten der Welt,
und alles Bestehende ist seinem Gesetz unterstellt, denn er
eint, was getrennt erscheint.

Die Sonne steigt am Himmel auf und geht an ihm unter.
Der Tag folgt der Nacht wie die Nacht dem Tag im Rhythmus der Ewigkeit. Wenn wir eine Blume pflücken, berüh-
ren wir die Sterne. Dies bestätigt die moderne Wissenschaft;
denn das Energiefeld des kleinsten Partikels schwingt im
Einklang mit dem Universum. Schwingung und Rhythmus
sind identisch, sind eine Folge von Impulsen bloß unterschiedlicher Frequenz.

Im Rhythmus unserer Zeit bringt die Technik vollendet
schöne Formen hervor, die in der Harmonie ihrer Propor-
tionen völlig ihrer Funktion entsprechen. Diese Entsprechung ist Ausdruck der Übereinstimmung der Gesetze der
Natur auf allen Ebenen.

Das unaufhörliche Ineinanderwirken energetischer Im-
pulse offenbart ein unendliches Pulsieren der strahlenden
Lebensenergie in einem in steter Wandlung befindlichen
Universum. PYTHAGORAS bezeichnete das Universum als

Kosmos, was soviel bedeutet wie Ordnung und Harmonie. Er wollte mit diesem Begriff klarmachen, daß es eine höhere Ordnung im Atomkern ebenso wie in den Molekülen, in den Zellen, ja sogar in allen Erscheinungen dieser Welt gibt.

Die Anhänger der Alchimie behaupteten, daß die Welt einem Athanor gleiche, einem Schmelzofen, in dem alles in ständiger Umwandlung begriffen sei. Der Mensch ist ihrer Meinung nach ein Mikrokosmos, also ein Abbild des Makrokosmos, und soll in sich selbst die fundamentale Umwandlung anstreben, die ihm im Übersteigen aller begrifflichen Begrenzungen das Tor zur Unsterblichkeit öffnet.

Die pulsierende Dynamik des Lebens, die im – harmonischen wie auch disharmonischen – Ineinanderwirken der Rhythmen zum Ausdruck kommt, ist in allen Dingen der Erscheinungswelt gegenwärtig. Jeder Rhythmus hat eine Frequenz, die sich in Zahlen darstellen läßt. Die Zahl, zum Symbol erhoben, wird so zum Bindeglied zwischen überweltlicher Ordnung und Erscheinungswelt. Die pythagoreische Zahlenphilosophie hat die geistige Entwicklung des Abendlandes zutiefst beeinflußt und wird gerade in unseren Tagen von der Wissenschaft wiederentdeckt. Strahlen nicht mystische Zahlenquanten an Schnittpunkten unsichtbarer Wellen, und werden sie nicht unter anderem von der Axiomatik, also der Lehre vom Beweisen mit Hilfe gültig anerkannter Wahrheiten, wie auch von der Mengenlehre bestätigt? Es ist hier nicht beabsichtigt, auf die pythagoreische Zahlenmystik näher einzugehen, aber wir können immerhin – sozusagen im Vorübergehen – dennoch die Macht jener einfachsten Beziehungsverhältnisse, die im Reich der Musik, Malerei und Architektur sowie in der ganzen Natur herrschen, voll Bewunderung auf uns wirken lassen.

Im Fortschreiten der Evolution verwandelt sich das Antlitz der Natur unter dem Einfluß der menschlichen Tätigkeit. So sind die Haine der Kelten heute ebenso verschwunden wie das sagenhafte Hyperborea, das Land, in dem angeblich Apollon den Winter verbrachte. Druidische Weisheit überlebte jedoch glücklicherweise im griechischen Mythos und Kultleben. Dabei verwandelte sich der lautere BEL-EOL in den erhabenen »Lichtbringer« APOLLON; der keltische Gott OGMIOS avancierte seinerseits zum »Logos«, dem ursprünglichen Wort Gottes, mit dem die Schöpfung beginnt. In Gallien war Ogmios der Gott der Beredsamkeit, und im alten Griechenland hieß der Redner »Logothet«. Das Schöpfungswort Gottes – Logos – ist das Leben, das gesprochene Wort nur sein Spiegelbild. Aus diesem Grund sollten wir unsere Worte, bevor wir sie aussprechen, abwägen.

Die orphischen und die eleusinischen Mysterien sind eine Fortsetzung jener Einweihung, wie sie den Auserwählten in den pharaonischen Tempeln des alten Ägypten zuteil geworden war. Der Begriff »Initiation«, also Einweihung, ist häufig mißverstanden worden. In alter Zeit verstand man unter Einweihung die Einführung des nach Wahrheit suchenden Menschen in die Geheimnisse jener Gesetze, die in der sichtbaren und unsichtbaren Welt walten. Der aus diesem Wissen resultierende Neuanfang des Eingeweihten verdankt sich jener Weisheit, die ihren Ursprung in wahrer Erkenntnis hat. Solche Weisheit ist auch in den Worten enthalten, die dem Giebel des Apollontempels zu Delphi eingemeißelt waren: »Erkenne dich selbst, und du wirst die Götter und das Universum erkennen.«

Das Ansehen dieses Heiligtums war gewaltig, aber bereits damals zog am Horizont eine neue Ära herauf. Das

neue Zeitalter stellte den Menschen vor die Aufgabe, sich
der Worte JESU als würdig zu erweisen, die da lauten: »Ich
bin der Weg, die Wahrheit und das Leben« und die wohl
keiner weiteren Erklärung bedürfen.

Bevor wir jedoch in die neue Ära der christlichen Welt
eintreten, wollen wir noch einen Augenblick lang in Alt-
ägypten verweilen. Die Weisen dieses Landes verfügten –
wie schon der alexandrinische Philosoph und Neuplatoni-
ker PLOTIN hervorhob – über eine hervorragende Kenntnis
alles Wesentlichen des Lebens. Diese Kenntnisse waren allerdings den Priestern vorbehalten, weil nur sie die Symbole entziffern konnten, in denen die ewig gültigen Wahrheiten verborgen sind. Sie waren davon überzeugt, daß es ihnen mit Hilfe dieses Wissens möglich sei, sich stufenweise
über die Erscheinungswelt zu erheben und zur ursprünglichen Einheit zu gelangen und schließlich kraft Liebe und
Weisheit das Wahre und Gute zu erreichen.

Plotin, der sich der uralten Überlieferung, die ihre Wurzeln im Herzen der Mysterien, also im Wissen um die Gesetze der Natur, hatte, bewußt war, wollte diese Erkenntnisse mit Hilfe der von PLATON übernommenen dialektischen
Methode verbreiten.

Diese kurze rückblickende Betrachtung der Ursprünge
unserer Kultur dürfte die magische Dimension der uralten
Weisheitslehren hinreichend beleuchtet haben. Magie war
im damaligen Verständnis des Wortes jene verbindende
Kraft, die den Bestand und die Autorität einer Theokratie
über viele Jahrhunderte gewährleistete. Die Wirksamkeit
solcher Magie hängt davon ab, in welchem Maße der sie
Praktizierende Kenntnis von den Gesetzen der sichtbaren
und der unsichtbaren Welt hat. Die Magier jener Zeit hatten sie.

Die Magie der alten Zeit hat heute ihre Entsprechung in
der Wissenschaft, die ähnliche Wundertaten vollbringt,
wenn auch auf einer anderen Ebene und mit anderen Mitteln. Der Mensch des Abendlandes hat diese Gleichwertig-
keit auf der Basis eines spezifischen, zweckgerichteten Denkens unter Beweis gestellt. Stolz auf seinen Intellekt hat er
es jedoch versäumt, die Weisheit der alten Zeiten mit den
Erkenntnissen heutiger Wissenschaft zu vereinen, weil er
alles, was seiner eigenen Beobachtung entgeht, für über-
flüssig hält und mit Geringschätzung betrachtet.

Auf diese Weise ist beispielsweise ein Großteil der
Kenntnisse einer magischen Medizin verlorengegangen,
obwohl einige ihrer Elemente zur Zeit gerade von alternati-
ven Heilern wiederentdeckt werden. Schritt für Schritt nähern sich heutzutage Schulmedizin und alternative Heilme-
thoden einander an und weisen in ihrer Parallelität zwei
sich ergänzende Gesichtspunkte auf, in denen die Vision
einer physischen, psychischen und geistigen Ganzheit des
Menschen Gestalt annimmt.

Die neue ganzheitliche Medizin – also die wahre Heil-
kunde – geht davon aus, daß das Individuum in einem en-
gen Zusammenhang mit seiner Umwelt steht und daß sein
Wohlbefinden von einer Ausgeglichenheit abhängt, die
sich aufgrund einer gewandelten Einstellung gegenüber der
jeweiligen Krankheit erreichen läßt.

Die Annahme einer Krankheit als Prüfung setzt vitale
Kräfte frei, die, wenn sie von einem fähigen Arzt oder Hei-
ler in der rechten Weise geleitet oder verstärkt werden, dem
Kranken dabei helfen können, sich selbst zu heilen. Die
Schulmedizin (Allopathie), die Homöopathie, die Methoden der Außenseitermedizin und der Psychotherapie sind
einander ergänzende Methoden zur Wiederherstellung

einer Ordnung, deren Abbild und Folge die Gesundheit ist.
Was die ägyptische Magie betrifft, so müssen wir feststellen, daß diese viele Formen annahm. Der Tantrismus war wesentlich sexuelle Magie, deren Wiege Tantyris, das spätere Denderah, war, in dessen Tempel man den bekannten Zodiakkreis bewundern kann. Wenn auch die Astrologie von Chaldea aus nach Ägypten eingeführt wurde, so waren es dennoch die eingeweihten Priester des Pharaos, die ihren Ruf als Wissenschaft begründeten.

Die in dem Land Chem – dem »schwarzen Land«, so der ursprüngliche Name Ägyptens – begründete Alchimie hat von jeher die Suchenden jeder Richtung fasziniert. Die Tatsache, daß Könige, Kaiser, Päpste und Heilige Alchimisten waren, deutet schon darauf hin, daß der Stein der Weisen, das Endziel des großen Werkes, mehr als ein reines Phantasieprodukt ist.

Von der Zahlenmagie war bereits die Rede. In ihrem mystischen Aspekt wird sie zu einer Meditation, die die Beziehung zwischen dem »Wort« und seiner Offenbarung enthüllt. Die Magie der Kunst war den ägyptischen Eingeweihten Ausdruck einer hieratischen, das heißt heiligen Überlieferung, in der bestimmte Formen, Gesten und andere Symbole als äußerliche Kundgaben der Schönheit überliefert wurden. Sich dieser Magie der Schönheit im Tempel anheimzugeben galt als religiöse Handlung, in der die Seele angesichts des überwältigenden Glanzes des göttlichen Geheimnisses erbebte.

Jede Kultur ist auf die Kunst als Medium des Selbstausdrucks angewiesen, und diesbezüglich hat die pharaonische Kultur uns ein Erbe von überragender Bedeutung hinterlassen. Die ägyptische Kunst hat in einer nie wieder erreichten Vollkommenheit eine Botschaft übermittelt, die Zeit und

Raum enthoben ist. Selbst wenn sie wesentlich verschieden ist von der Kunst, die später in Hellas erblühte, so verdankt ihr das griechische »Wunder« dennoch grundlegende Impulse.

Die Kunst des Mittelalters, der Renaissance und der Moderne setzt trotz der Verschiedenheit der Stile und Ausdrucksmittel eine unverfälschte Tradition fort, die im Schönen, Guten und Wahren die Grundlage des menschlichen schöpferischen Geistes sieht.

Nur die Kunst kann die tiefinnersten, geheimsten Empfindungen des Menschen zum Ausdruck bringen, denn Kunst ist Sprache ohne Worte und offenbart unsere Gefühle, noch bevor sie bewußt werden. Die Kunst kann nur in ursprünglichster Freiheit erblühen. Sie reflektiert Geist und Strömung ihrer Epoche, ohne sich starren Vorschriften zu unterwerfen.

In Ägypten unterrichteten eingeweihte Priester die Künstler und Handwerker, die übrigens nur einer Gilde angehörten, und lehrten sie die Ausführung der Formen und Gebärden der hieratischen Kunst; sie überließen ihnen jedoch die Verantwortung, ihre Fertigkeiten nach ihrem eigenen künstlerischen Urteil einzusetzen. Diese Künstler und Handwerker waren Hüter der von den Vorfahren offenbarten Tradition und berufen, Werke zu schaffen, die sich in ihrer Vollkommenheit der strahlenden Schönheit des Ra, des offenbarten Sonnengottes, annäherten.

Wir können uns nicht von Ägypten abwenden, ohne die Pyramiden zu erwähnen. Sie sind die am genauesten erforschten, jedoch auch geheimnisvollsten aller Bauwerke der Welt. Als okkulte Symbole einer metaphysischen Mathematik waren sie zweifellos mehr als lediglich Grabmäler.

Es ist keineswegs meine Absicht, in dem Streit zwischen

Ägyptologen und Pyramidologen Partei zu ergreifen. Die Geschichtsforscher anerkennen nur historisch beweisbare Tatsachen, wogegen die Pyramidologen versuchen, in den einmaligen Bauwerken den metaphysischen Symbolismus zu entziffern. Vermutlich handelt es sich ohnehin um einen sinnlosen Streit, denn beide Anschauungen beziehen sich nur auf zwei sich ergänzende Aspekte des »Wunders«.

Begnügen wir uns mit der Feststellung, daß es undenkbar erscheint, daß sechs Millionen Tonnen Stein – so hoch wird das Gewicht der Cheopspyramide geschätzt – mit unendlicher Sorgfalt aufeinandergeschichtet und ineinandergefügt und mit ähnlicher Sorgfalt nach einer Nord-Süd-Achse ausgerichtet worden sein sollen, nur um einem König, selbst wenn es sich dabei um einen zum Gott erhobenen Pharao gehandelt hat, ein Grabmal zu errichten.

Auf der symbolischen Ebene hatte der Eingeweihte, also der zu dem Geheimwissen auserwählte Zugelassene, einen pyramidalen Aufstieg von dem Viereck des Grundrisses, dem Symbol unserer begrenzten Welt wie auch unseres endlichen Daseins, zur Spitze zu vollziehen, dem Sinnbild der Grenzenlosigkeit und dem Höhepunkt aller nur denkbaren Erkenntnis. Hatte er diesen Höhepunkt der Erkenntnis erreicht, so konnte der Zugelassene, jetzt Eingeweihter und Meister seines Schicksals, von jeglicher Begrenztheit befreit, sich selbst da offenbaren, wo die Unsterblichen ihre Heimstätte haben.

Der Pharao war das lebende Beispiel dieser Möglichkeit, da er nach unzähligen Wiedergeburten den höchsten Grad an Vollkommenheit erreicht hatte.

Die Initiation, wie sie in den Tempeln des alten Ägypten vorgenommen wurde, hatte eine wissenschaftliche Grundlage. Sie fußte auf der Kenntnis der Gesetze der Natur; diese Kenntnis ermöglichte es den Eingeweihten, ihr Leben in Übereinstimmung mit jener uralten Weisheitstradition zu führen, die die geschichtliche Spur eben dieser Kenntnis war.

Wir wollen unseren kurzen geschichtlichen Abstecher in das Land der Pharaonen nicht abbrechen, ohne zuvor noch einmal festgestellt zu haben, daß jede Handlung, die sich der Weisheit unterstellt, eine Wahl erfordert. Diese Wahl kann jedoch nur in vollster Freiheit stattfinden, und so ist die Freiheit das unabdingbare Fundament jeder wirklichen Hochkultur.

Wenn wir den Begriff der Freiheit nur auf seinen politischen Gehalt reduzieren, so entwürdigen wir sie. Freiheit als politisches Argument zu mißbrauchen heißt, sie über kurz oder lang zu unterdrücken. Doch immer von neuem aus der Asche auferstehend ist die wahre Freiheit kein Schlagwort, mit dem man Massen fanatisiert. Sie ist das innerste Gut eines wachen Bewußtseins, und richtig verstanden ist sie nicht nur das Wesen des Geistes, sondern auch die Grundlage und das Wesen jeder Zivilisation.

KAPITEL 4

Die geistige Alchimie oder der Weg der inneren Reife

Jede Aufgabe setzt eine freie Wahl voraus, die auf einer zuvor erkannten Berufung basiert.

Die in unserer Welt herrschende Verwirrung erschwert diese wichtige Erkenntnis. Die technischen Errungenschaften unserer Zeit sollten eigentlich dem Menschen zu seinem Besten dienen und ihn nicht in die Angst versetzen, unser ganzer Planet könnte in die Luft gehen. Argumente werden ins Treffen geführt, um Entscheidungen zu rechtfertigen, die von theoretischen, gesellschaftlichen oder politischen Erwägungen diktiert sind, also von Ideologien, die den Rang von Dogmen für sich beanspruchen.

Der Mensch sieht sich heute Problemen gegenübergestellt, die seinen Sachverstand bei weitem übersteigen. Hilflos stellen wir fest, daß die Verwirrung täglich zunimmt, und mangels innerer Ruhe und Ausgeglichenheit schwanken wir zwischen Scylla und Charybdis, zwischen Backbord und Steuerbord hin und her, anstatt den Kurs des Schiffes, auf dem wir alle uns befinden, zu verändern.

Die Dualität der Erscheinungswelt verblendet uns, und wir erkennen nicht, daß jenseits der Dualität in einer transzendenten Realität die fundamentale Gesetzmäßigkeit des Lebens schon offenbart ist und daß wir uns dieser nur zu beugen brauchen.

Erfolg wird uns in dieser Hinsicht jedoch nur beschieden sein, wenn wir uns aller störenden psychologischen Schranken entledigen, insbesondere aller Vorurteile und jeglicher Motive eines Handelns, das Reaktion anstatt selbstbestimmt ist. Nur unter der Voraussetzung der Freiheit unseres Handelns können wir unser Schicksal meistern. Sicherlich dachte JOHANN WOLFGANG VON GOETHE gerade an solche Beschränkungen, als er Faust die Worte in den Mund legte: »Nur der verdient sich Freiheit wie das Leben, der täglich sie erobern muß.«

Wir sind ständig mit der offenkundigen Tatsache konfrontiert, daß der Mangel an innerer Ausgeglichenheit uns nur immer wieder auf dieses oder jenes reagieren läßt, wo wir doch vielmehr selbstbestimmt handeln müßten. Reaktives Handeln schließt freie Wahl aus.

Ist selbstbestimmtes Handeln nicht nur eine Illusion? So fragen die Ängstlichen, und sie sprechen statt dessen von Schicksal oder Karma. Karma ist ein Sanskritwort, das Vollzugsenergien bezeichnet, die sich als Folge unwissentlich herbeigeführter Ursachen einstellen.

Solche oder ähnliche Feststellungen beruhen auf einer Begriffsverwirrung, die auch vor dem Wort »Freiheit« und seiner kardinalen Bedeutung für uns Menschen nicht haltmacht. So reduziert man die Freiheit auf ihren rein politischen oder sozialen Aspekt und klammert ihre metaphysische Dimension völlig aus. So kommt es zu jener demagogischen, in Willkür umschlagenden Verkehrung der Freiheit, in deren Namen Politiker, Lobbyisten, Spekulanten, Diktatoren und Revolutionäre aller Schattierungen und Farben die Menschen aufpeitschen, um diese »Freiheit« immer dann sofort wieder abzuschaffen, wenn sie ihren Interessen entgegensteht.

Wo es an tragfähigen Ideen richtigen Denkens mangelt, platzen leere Worthülsen auf. Angeblich, so sagen alle, ist der Friede unser höchstes Gut; aber sind die, die das sagen, friedfertig? Jeder Krieg bringt nur die Widersprüche an den Tag, die in jedem von uns wirksam sind. Die Menschen bekämpfen einander, töten einander. Aber der Konflikt besteht weiter, schwelt weiter. Wir widersetzen uns mit Heftigkeit einem Krieg und vergessen dabei immer wieder, daß dieser ja gerade wegen dieser Heftigkeit ausbricht. Heftigkeit löst immer Konflikte aus.

»Für dies« oder »gegen jenes« Partei zu ergreifen hält nur den ewigen Kampf steriler Gegensätzlichkeiten am Leben. Nur wenn wir die Ursachen hinter den Konflikten entdecken, ohne uns von gefühlsgeladenen Reaktionen davontragen zu lassen, können wir die Gegensätze überwinden und zu Lösungen, die wahre Weisheit gebietet, finden.

Rechtes Tun trägt seine Rechtfertigung in sich selbst. Es mag manchmal streng erscheinen, aber solche Strenge ist nicht Ausdruck blindwütigen Reagierens, sondern hat ihren Ursprung in wahrem Verständnis. Dieses Verständnis ist Basis einer Unerschütterlichkeit, das ewig Gültige zu verteidigen, die eher geeignet ist, einen möglichen Gegner zu entmutigen, als Waffengeklirre.

Da wir Menschen des Abendlandes ganz sicher unsere menschliche Berufung und die Auseinandersetzung mit dem Lebenssinn vernachlässigen, sind wir bestrebt, unserer Angst durch ebenso rast- wie sinnlose Betätigung Luft zu machen. Wir erwarten alles von außen. So ziehen die meisten es vor, sich einem allmächtigen Staat zu unterwerfen, um laut ihre Rechte zu fordern, die Pflichten jedoch zu vergessen und sich jeglicher Verantwortung zu entziehen. Auf diese Weise liefert man sich einer allumfassenden Bürokratie aus und gibt seine eigene Individualität auf. Der Mensch schafft tatsächlich Organisationen zu seiner Entlastung und beugt sich anschließend ihrem Zwang. Existiert eine solche Organisation erst einmal, so fehlt es ihm an Mut und Initiative, sie wieder aufzulösen.

Auf internationaler und nationaler Ebene prallen die verschiedenen politischen und sozialen Interessengruppen im Kampf um ihre angeblichen Rechte permanent aufeinander. Die Schuld an allem tragen immer irgendwelche Sündenböcke, und der Terrorismus gedeiht auf diesem Boden prächtig. Wir erschöpfen uns in sinnlosen Kämpfen und schließen falsche Friedensverträge, die auf falschverstandenen Begriffen, falschverstandenen Rechten und vor allem falschverstandener Freiheit basieren. Wir lassen uns von falschen Problemen faszinieren und erfinden falsche Rechtfertigungen, die nichts weiter sind als bequeme Ausflüchte.

Blut und Tränenströme besudeln das Schlachtfeld der Leidenschaften und Glaubenskämpfe. Mächtige, durch Theorien abgestützte Glaubenssysteme stehen einander in einem endlosen Kampf gegenüber, und die Bannerträger beider Seiten rufen die Gerechtigkeit Gottes, Propheten und Heilige an, um ihre Verwirrung und Zweifel zu tarnen, vor allem aber ihre Machtgier.

Ein dunkler Nebel umhüllt die Welt, und doch ist es die Welt des Menschen! Deshalb haben wir die Wahl, wir bestimmen ihr Schicksal. Zu diesem Zweck müssen wir allerdings tagtäglich unser Menschsein bezeugen. Es wäre für uns alle von Nutzen, die Mahnung des chinesischen Weisen Laotse zu bedenken, der gesagt hat: »Um andere zu besiegen, braucht man Kraft; um jedoch sich selbst zu besiegen, muß man stark sein.«

»Alles ist Verschwörung und Machenschaft, was soll ich
nur tun?« ruft DON QUICHOTTE verzweifelt aus. Diese Behauptung würde er nicht aufstellen, wenn er fähig wäre, in
voller innerer Freiheit zu handeln, einer Freiheit also, die
nur zu erreichen ist durch die Bändigung unserer zu
Schrankenlosigkeit tendierenden Triebkräfte und die An-
eignung einer dem überlegenen, verantwortungsbewußten
und von den Ideen des Friedens und des Verständnisses er-
füllten Geisteshaltung. Eine ganze Reihe »neuer« Methoden, die hierzulande heute regen Zulauf haben, verspricht
Selbstverwirklichung. Yoga, Atem- und Entspannungs-
übungen, Meditation und als metaphysische Anheimgabe
auch das Gebet können in Richtung wahrer Selbstverwirklichung tatsächlich viel beitragen, führen sie doch zweifellos zu einem anderen, einem erweiterten Bewußtseinszu-
stand.

Wir Menschen des Abendlandes sind berufen, dieses
neue Bewußtsein zu entfalten, jedoch nicht als Selbstzweck,
sondern als Grundlage geistigen Fortschritts. Geistiger
Fortschritt kann nur auf der Basis eines erweiterten höheren Bewußtseins stattfinden, setzt also auf der geistigen
Ebene eine Art alchimistische Wandlung voraus. Ein solcher »alchimistischer« Wandlungsprozeß ist heute eine rea-
le Möglichkeit: vorausgesetzt, wir überwinden unsere überlebten Denkgewohnheiten und lernen begreifen, daß alle
Erscheinungen dieser Welt in einem inneren Zusammenhang miteinander stehen; vorausgesetzt, wir handeln in
Übereinstimmung mit dem kosmischen Plan der Evolution;
vorausgesetzt, wir beruhigen uns innerlich und werden taub
für den mißtönenden Lärm der Welt. Dann erst werden wir
die Stimme hören, die aus dem tiefsten Inneren zu uns
spricht, die Stimme des inneren Meisters und Helfers, des

erwachten Bewußtseins, das eine Widerspiegelung des kosmischen Bewußtseins ist.

»Schau in dich hinein«, empfiehlt der römische Kaiser und Philosoph MARK AUREL, »und du wirst die Quelle des wahren Glücks finden, eine unversiegbare Quelle, je tiefer du einsiehst.«

Die vier Meisterwörter Wagen, Verstehen, Wollen und Schweigen fassen das Wesentliche eines Humanismus zusammen, der nur in vollster Freiheit zum Tragen kommen kann. Er stützt sich auf Harmonie als dem Ausdruck innerer Reife, die wiederum Ausdruck des tiefen Einblicks in den Sinn des menschlichen Lebens ist. Der Harmonie entsprechend findet jedes Ding seinen Platz, und jedem Ding kann sein Platz angewiesen werden.

Die geistige Alchimie erfordert eine permanente innere Umwandlung, damit die Offenbarung des wahren Wissens möglich wird, dessen Wurzeln in das innerste Sein hinabreichen. In der Tiefe der menschlichen Seele verbirgt sich das Mysterium sowohl des physischen als auch des geistigen Weltverstehens. Die menschliche Seele hat wesenhaft Anteil an der Weltseele. Mit dem Begriff oder vielmehr der Metapher der Weltseele ist die Bewegung des Lebens gemeint, die in einer gigantischen Systole und Diastole im Herzschlag des Daseins offenbart wird und den Rhythmus des Lebens bestimmt.

Im Innersten der menschlichen Seele liegt das große Buch der Erkenntnis offen da. Um in seinen Seiten lesen zu können, muß man zunächst die Vervollkommnungsstufe der Selbsterkenntnis erreichen. Selbsterkenntnis ist DEMOSTHENES zufolge ein göttliches Gebot. Auch die heilige THERESA VON AVILA war sich dessen bewußt; sie wunderte sich über die Torheit der Menschen, die glauben, sie könnten ins Himmelreich eintreten, ohne zuvor in sich gegangen zu sein und wahre Selbsterkenntnis gewonnen zu haben.

Wer Selbsterkenntnis gewonnen hat, gelangt auf eine zweite Stufe. Er erfährt dort das Dasein auf eine gänzlich neue Weise. Was bis dahin wichtig erschien, verliert seine Bedeutung, was nebensächlich war, erhält Vorrang. Die sichtbaren und unsichtbaren Beziehungen zur Umwelt wandeln sich dank einem Verständnis, das Liebe gebiert, nicht im Sinne von Barmherzigkeit, sondern im Sinne einer lebendigen Kommunion zwischen dem eigenen Selbst und der Umwelt.

Die dritte Stufe der Selbstvervollkommnung ist die Erleuchtung; sie ist das Endziel des großen menschlichen Abenteuers auf Erden. Obwohl man diesen dem Mystiker vertrauten entrückten Zustand kaum beschreiben kann, sind wir alle berufen, ihn eines Tages zu erfahren.

Drei Stufen müssen wir ersteigen, drei Schmelzprozesse durchlaufen, um die königliche Kunst des Lebens zu verstehen und das Ewige vom Vergänglichen zu trennen, so behaupten die Alchimisten, die sich auf die Smaragdtafel des ägyptischen Gottes THOT, den später die Griechen HERMES TRISMEGISTOS nannten, berufen, in die die Quintessenz der gnostisch-hermetischen Wissenschaft eingraviert war.

Um das höchste Ziel der Erleuchtung zu erreichen, bedarf es der Ruhe des Geistes und eines Ohrs, das taub ist gegenüber dem Lärm der Welt. Unser inneres Ohr wird dann jene in den schattigen Tiefen des Unbewußten verborgene Botschaft des »Wortes«, das heißt des allesbeseelenden Lebens, vernehmen.

Die unendliche Vielfalt der physischen, chemischen, biologischen und geistigen Relationen bietet dem Menschen unbegrenzte Möglichkeiten zu Kontemplation und Meditation, die wiederum schöpferisches Handeln fördern und eine Quelle der Freude und des Glücks sind.

Die geistige Alchimie, die ein Loslassen aller Begriffe, jeglicher Voreingenommenheit und Begrenztheit verlangt, weil sie die Klarsicht und das Verständnis behindern, ist der Mutterboden, aus dem der neue, erwachte, im Bewußtsein des Wesentlichen lebende Mensch erstehen wird.

KAPITEL 5

Das Reich des Geistes
ist grenzenlos

Der erwachte Mensch ist nicht mehr auf der Suche nach un-
fehlbaren Lösungen, die ihm vergänglichen Erfolg garantieren sollen. Er ist sich bewußt, daß diese Art des Erfolgs
ihm das Glück verhüllen könnte, das er anstrebt. Er ver-
wechselt nicht mehr gewisse psychologische Möglichkeiten
und ihre unmittelbaren Vorteile mit der Unerschütterlichkeit einer Geisteshaltung, die allein es ihm gestattet, sein
Schicksal zu meistern.

Er sucht keine Ausflüchte, um sich seiner Verantwortung
zu entziehen; statt dessen nimmt er sie an. Er ist somit im
wahrsten Sinne des Wortes ein neuer, für die wesentliche
Wirklichkeit erweckter Mensch, und sein Verhalten ist von
diesem Bewußtsein geprägt. Er verzichtet auf vorgefaßte
Meinungen und Glaubensdoktrinen, weil sie das tiefe, dem
innersten Sein entspringende Sehnen des Geistes lähmen
und das Denken erstarren lassen.

Der Glaube an starre Dogmen war noch nie dem geleb-
ten Ausdruck von Liebe und Barmherzigkeit förderlich.
Solche Zwänge verführen nur zu halbherzigen inneren
Kompromissen. Sie untermauern eine gewisse Idee, die
man von sich und der Umwelt hat, eine aus lauter Vorurteilen zusammengesetzte Idee. Wahrer Glaube hingegen erwächst tiefer innerer Überzeugung und führt zu der Er-

kenntnis, daß die Welt ein Ganzes ist, auch wenn sie tausend- und millionenfach zersplittert zu sein scheint, und daß der Mensch als Zelle dieser Gesamtheit durch unzählige Fäden mit dem Kosmos und so mit der transzendenten Ordnung und deren Harmonie verbunden ist.

Bloße Meinungen verschleiern das Licht der Transzendenz. JESUS kleidete seine Lehren in Gleichnisse, um jede starre geistige Festlegung zu verhindern. Die Welt der starren Begriffe muß durchlässig werden, damit der wahre Glaube sich entfalten kann. Er übersteigt alle Auslegungen, an die wir Menschen uns in der Hoffnung klammern, sie würden uns Sicherheit geben. »Wenn ihr Glauben habt wie ein Senfkorn«, heißt es im *Neuen Testament* (Matthäus 17, 20), »so könnt ihr sagen zu diesem Berge: Hebe dich von hinnen dorthin!, so wird er sich heben: und euch wird nichts unmöglich sein.«

Die geistige Alchimie offenbart die Kunst des Lebens, nicht nur eine Daseinstechnik. Sie eröffnet den Weg zu einem Glück, das keineswegs eine Summe von Befriedigungen ist, sondern ein Seinszustand. Die geistige Alchimie gibt uns durch die Wandlung, die sie hervorruft, die Mittel an die Hand, unsere kreativen Energien im Einklang mit dem Wirken der im Kosmos waltenden Dynamik zum Besten des großen Werkes der Natur einzusetzen.

Die Vertreter der »geistigen« Alchimie waren von jeher – abgesehen von Scharlatanen, deren es viele gab – nicht nur interessiert an dem, was später die Naturwissenschaft erforschte, sondern sie waren vor allem Weisheitssucher. Geistige Alchimie ist die Wissenschaft von der im Lichte des Geistes sich vollziehenden inneren Wandlung. Sie bewirkt eine innere Befreiung, in deren Folge alle jene Behinderungen von uns abfallen, die uns in Form der Triebe und unserer emotionalen Leidenschaften auferlegt sind. Erst aufgrund solcher innerer Freiheit sind wir imstande, die Wahrheit des Augenblicks wirklich zu erfassen und vorurteilsfrei auf alle gängigen Klischeevorstellungen zu verzichten, die im Grunde genommen ein Verhalten rechtfertigen sollen, das nicht von der Wahrheit des Augenblicks getragen ist, sondern bloß ichgebundenen Impulsen und Wünschen erwächst – ob sich der einzelne nun dessen bewußt ist oder nicht.

Diese innere Befreiung ist auch für unser alltägliches Leben von großer Bedeutung. Innerlich befreite Menschen verzichten bewußt auf sinnleeres Gerede, auf willkürliche Behauptungen und vorgefaßte Meinungen. Sie wissen um die Unzulänglichkeit menschlicher Beobachtung und Schlußfolgerung. Sie handeln und wirken frei von jeglicher Fixierung an Vergangenheit und Zukunft, und ihr Wirken, das sich jenseits der allgemeinen Wirrnis vollzieht, erwächst einem Zustand, der dem der Meditation gleichkommt.

Meditation ist nicht nur ein Exerzitium in der Stille oder gar ein Rückzug aus der Welt; sie bewirkt einen Seinszustand, in dem die Seele Anteil gewinnt an einem Universum, in dem Harmonie herrscht. Der dieser Erfahrung innegewordene Mensch bewahrt auch im größten Trubel der Welt seine innere Ruhe.

Warum meditieren die Menschen seit undenklichen Zeiten? könnte man fragen. Weil die metaphysische Erfahrung, die uns die Meditation zuteil werden läßt, physiologische und psychologische Wandlungen bewirkt und die durch festgelegtes Denken und Voreingenommenheit gesetzten Grenzen aufhebt. Die Auflösung all der starren Überzeugungen, mit denen wir gewöhnlich im Alltag umgehen, und unsere erhöhte Wahrnehmungsfähigkeit öffnen unser Sein für Erfahrungen, die unser gesamtes Welt- und Selbstbild ändern.

Wir dürfen uns jedoch nicht damit zufriedengeben, auf ein neues Zeitalter zu warten und den erwachten Menschen herbeizuwünschen. Die Einbildung könnte uns sonst vorgaukeln, daß sich alles von alleine wundersam einrenkt in dieser Welt, sobald wir die Schwelle vom Heute zum Morgen überschreiten.

Wir müssen solchen Zukunftsglauben ebenso über Bord werfen wie alle anderen vorgefaßten Meinungen und statt dessen ein neues Bewußtsein entwickeln, das den Menschen befähigt, Träger der Zivilisation von morgen zu sein. Unter Zivilisation sollte aber die Summe nicht nur der durch den Fortschritt der Wissenschaft und Technik geschaffenen Lebensbedingungen verstanden werden; ihr müssen auch die Quellen der Kraft des menschlichen Geistes, dessen Hüter sie ist, zufließen. Nur so kann eine Gesellschaft entstehen, die sich jedem möglichen technologischen Fortschritt nicht verschließt, zugleich aber weiß, daß solcher Fortschritt nur vernünftigen und weisen Menschen zugute kommen kann.

Es wäre absurd, die unendlichen Schwierigkeiten, die sich auf diesem Weg ergeben werden, zu bagatellisieren. Es gilt, den wissenschaftlichen Fortschritt zu fördern, ohne die unvergängliche Wahrheiten offenbarende Weisheit aus dem Auge zu verlieren, die von jeher das kostbarste Erbe der Menschheit gewesen ist. Dies ist aber eine unabdingbare Voraussetzung des fundamentalen Wandlungsprozesses, von dem hier die Rede ist. Erst eine solche Wandlung wird den »neuen Menschen« instand setzen, das uns allen so vertraute Gefängnis festgefahrenen Denkens und ehrgeizigen Wettbewerbs zu verlassen und jenes kosmische Abenteuer zu wagen, das ihm den Sinn seines Daseins enthüllen wird.

Wenn wir die Berufung, das Universum zu erforschen, das infinitesimal Kleine ebenso zu ergründen wie das unvorstellbar Große, ernst nehmen, müssen wir verstehen, daß wir aufgerufen sind, uns dem Abenteuer des Geistes anheimzugeben, der uns auf den Wegen des Lebens leiten wird und uns hindern soll zurückzuschauen.

Dieses geistige Abenteuer wird unser Bewußtsein dafür schärfen, daß wir nicht ohne Grund am Leben sind. Haben wir das alles einmal verstanden, so können wir – jeder von uns auf seine Weise – an der Verschönerung von Gottes Garten mitwirken, der uns zu eben diesem Zweck anvertraut ist.

Das Reich des menschlichen Geistes ist grenzenlos und erstreckt sich bis in die Bezirke, in denen kosmische Alchimie in uns Tag für Tag das Elixier der Unsterblichkeit bereitet, und wir werden ihrer inne, wenn wir erst einmal im Schmelztiegel unserer menschlichen Existenz den »Stein der Weisen« entdeckt haben. Aus esoterischer Perspektive entspricht dieser »Stein der Weisen« jener Selbsterkenntnis, die in einem tiefen und unerschütterlichen Glauben an das Leben und seine Magie wurzelt, einer Magie, die die allem Bestehenden innewohnende innere Logik offenbart.

Selbsterkenntnis führt zur Meisterschaft, weil sie die Tiefen des Unbewußten erhellt, das die Quintessenz der menschlichen Erfahrung enthält. Selbsterkenntnis führt zu einem Erwachen oder, wie die Alchimisten es nannten, zum Innewerden der »Gottesgabe«. Wenn wir begreifen, daß Wahrheit sich jenseits des Scheins der Dingwelt in ständiger Wiederkehr zu erkennen gibt, so sind wir früher oder später, wie die Alchimisten sagten, fähig, den schweren Deckel anzuheben, unter dem seit Äonen der »Stein der Weisen« verborgen liegt. Wir können uns, wenngleich nur für Augenblicke, in die Bewegung einer höheren, universell gültigen Wirklichkeit eingebunden fühlen, und was wir in solchen Augenblicken erkennen, ist ein wahres Lebenselixier, das die Öde sterilen Wissens mit neuem Leben erfüllt.

Der »Stein der Weisen« ist dem Gold vergleichbar, das die Alchimisten herzustellen hofften, und Gold steht für absolute Reinheit und Makellosigkeit. Der Suche nach dem alchimistischen Gold entspricht daher die Suche der Menschen nach der höchsten Tugend, deren Symbol das Gold ist und die eher ein Ausdruck der Bereitwilligkeit und Offenheit von Geist und Seele – also ein Seinszustand – ist als eine spezifische moralische Qualität.

In allen Epochen der Geschichte haben große Lehrer der Menschheit die Tugend gepriesen. Unter »Tugend« verstanden sie aber nicht den bloßen Gehorsam gegenüber rechtlichen oder sittlichen Normen, sondern vielmehr die Unterwerfung unter das Lebensgesetz selbst. Die Opfer, die jene berufenen Lehrer der Menschheit gebracht haben, insbesondere der Opfertod JESU, sind das Beispiel solcher höchster Tugend. Unglücklicherweise sind viele ihrer Lehren in Vergessenheit geraten oder mißverstanden worden, so daß wesentliche Inhalte ihrer Lehren verlorengingen.

Der Mensch irrt im dunkeln umher und sucht das Licht. Da das Abendland in den vergangenen zwei Jahrtausenden Fackelträger einer Überlieferung war, die sein Erbe ist, sollte es den ihm anvertrauten Schatz nicht vergeuden.

Die *Evangelien* erzählen von einem gewissen ANDREAS, einem Jünger JESU, der seinen Bruder SIMON zu seinem Meister führte. Nachdem JESUS ihn betrachtet hatte, sagte er zu ihm: »Du bist Simon, des Johannes Sohn; du sollst Kephas* heißen, das wird verdolmetscht Fels« (Johannes 1, 42). Und JESUS fuhr fort: »Und ich sage dir auch: Du bist Petrus, und auf diesen Felsen will ich bauen meine Gemeinde« (Matthäus 16, 18).

Stein der Weisen, Fels des Lebens – zwei Metaphern für eine Wahrheit. Unser Auftrag ist es, im Einklang mit dieser Wahrheit zu leben.

---

* Kephas bedeutet altgriechisch Stein oder Fels.

KAPITEL 6

Die Büchse der Pandora

Auf der Ebene des Geistes Zeit und Raum zu überschreiten bedeutet, unsere starren Überzeugungen aufzugeben und die Bande zu lockern, die uns an tote Dinge der Vergangenheit ketten, an denen wir aus Gewohnheit hängen. Zeit und Raum zu überschreiten heißt, sich Rechenschaft abzulegen, daß die im Netzwerk des Daseins gefangene Menschheit zwar Wissen ansammelt, aber nichts oder nur wenig tut, um die Fesseln abzuwerfen, die sie in die Grenzen falscher Auslegung binden.

Kann jemand, der sich zur Aufgabe macht, die Geschichte eines Volkes zu schreiben, den hellen Morgenröten und den blutigen Sonnenuntergängen dieses Volkes gerecht werden, seinen Freuden und seinen Leiden, deren verborgene Ursachen selbst dem gewissenhaftesten Historiker entgehen? Könnte ein präsumptiver Verfasser der Geschichte des Abendlandes tatsächlich alle Verkettungen und Ereignisse berücksichtigen, die in der Zeit der letzten drei oder vier Jahrtausende, denen andere Jahrtausende der Geschichte vorangingen, beachtet zu werden verdienten?

Ist es möglich, die tatsächliche Bedeutung der überlieferten Fakten und Ereignisse im Rahmen des unermeßlichen Evolutionsprozesses zu bestimmen, selbst wenn wir die geheimsten Impulse und Gedanken all der Persönlichkeiten kennen und verstehen würden, die der Geschichte ihren Stempel aufgedrückt haben? Lassen sich etwa all die subtilen Einflüsse, denen historisch bedeutende Männer und Frauen von Augenblick zu Augenblick ausgesetzt waren, angemessen erfassen? Können wir - ich möchte es in Anlehnung an einen Ausspruch des heiligen AUGUSTINUS sagen – die Dinge sehen, wie Gott sie sieht und nicht wie menschliche Leidenschaft sie sich wünscht?

Die Antworten auf all diese Fragen fallen notwendigerweise vage aus. Sie verweisen aber auf die menschliche Berufung, die im Lichte einer fortschreitenden geistigen Entfaltung deutlich wird. Wir müssen als unsere Aufgabe erkennen, dem Gesetz des Lebens zu folgen, seiner Dynamik und seinem Rhythmus; wir erfüllen auf diese Weise unsere Aufgabe, die unsere Einsicht uns eingibt.

So werden wir uns unserer ursprünglichen Freiheit bewußt, der Freiheit zu wählen. Wir verstehen auch, daß die Hingabe an unsere Leidenschaften unsere Gier nur verstärkt und daß wir auf diese Weise die Büchse der Pandora öffnen, aus der alle Übel der Menschheit hervorquellen. Wir müssen erkennen, daß Machtgier Angst erzeugt und diese die Menschen veranlaßt, sich zu behaupten und ihre Interessen mit allen, auch unlauteren Mitteln durchzusetzen. Das führt zu immer neuen Konflikten, die auf unser eigenes Verhalten zurückzuführen sind.

Wir wissen, daß wir die verhängnisvolle Büchse wieder verschließen müssen, aber wir haben noch nicht begriffen, daß das leichter ist, als es erscheinen mag, wenngleich es ganz gewiß einigen Mut erfordert.

Wir müssen es in der Tat wagen, einen neuen Kurs einzuschlagen, unsere Denkweise radikal zu ändern und unsere überholten Überzeugungen über Bord zu werfen, damit wir fähig sind, unsere subjektiven und objektiven Schwierigkeiten unter einem völlig neuen Gesichtspunkt zu sehen.

Es ist für jeden von uns individuell möglich, diese innere Wandlung herbeizuführen. Die Gesellschaft als ganze, die Gemeinschaft aller Individuen, wird diesbezüglich größere Schwierigkeiten zu überwinden haben.

Wenn wir uns über die große Sendung des abendländischen Menschen einig sind, so können wir nicht umhin festzustellen, daß das Abendland seiner Mission in der Vergangenheit nicht gerecht geworden ist.

Nach der Eroberung der ganzen Welt hätte die abendländische Kultur den auf ihrem Boden erwachsenen Humanismus unter Berücksichtigung örtlicher und historischer Gegebenheiten überall verbreiten sollen. Es bleibt eine schwerwiegende Unterlassungssünde, daß dies weitgehend versäumt wurde. Als sich die europäischen Mächte aus ihren ehemaligen Kolonien zurückzogen, machten Schuldgefühle sich breit, nicht zuletzt weil bald nach diesem Rückzug ein weiteres Versäumnis zutage trat: Man hatte es unterlassen, in diesen Ländern Eliten heranzuziehen, die ihre Völker hätten einem zivilisatorischen und kulturellen Fortschritt zuführen können.

Ein schlechtes Gewissen löst natürlich Probleme nicht, und die Abtretung der Verantwortung hat nur Usurpatoren genützt, die in der Folge die freigewordenen Positionen eingenommen haben.

Die nach den Erfahrungen zweier Weltkriege hoffentlich weiser gewordenen westlichen Länder sollten sich nun endlich auf sich selbst besinnen, um die Grundelemente einer Kultur zu erhalten, die zahlreiche positive Seiten aufweist.

Manch einer mag den Sinn dieser Forderung anzweifeln. Die Konflikte sind Legion, die Zahl der Konfrontationen nimmt eher zu, Ideologien stehen sich unversöhnlich gegenüber, Weltuntergangsstimmung breitet sich aus, die nukleare Bedrohung nimmt zu und ebenfalls die Zahl der auf den möglichen Feind gerichteten Sprengköpfe. Angst beherrscht und durchdringt unser Leben. Da wir keine Gelegenheit ungenutzt gelassen haben, um genau diese Situation herbeizuführen, besteht Grund zu der Zuversicht, daß sie sich zum Positiven verändern läßt, wenn wir unser Verhalten entsprechend ändern. Wir wollen dieser Angst mutig ins Gesicht sehen, da wir allmählich begreifen, daß gerade sie die Büchse der Pandora offenhält, denn Angst ist die Ursache aller Übel und ihr Nährboden. Angst erzeugt Angst und verstärkt so die ohnehin schon bestehenden Probleme nochmals. Wir sollten die Kraft finden, diesen Teufelskreis zu durchbrechen. Der erste Schritt dazu ist die Anerkennung dieser Möglichkeit.

Angst war es übrigens auch, die Adam und Eva beherrschte, nachdem sie die Frucht vom Baum der Erkenntnis gegessen hatten. Sie fürchteten, Gott werde ihren Ungehorsam entdecken. Ihre ihnen nun bewußte Nacktheit dürfte auch nicht gerade zu ihrer Beruhigung beigetragen haben und ebensowenig ihr Wissen um ihren zukünftigen Tod.

Nachdem sie einmal aus dem Zustand des Unbewußtseins herausgetreten waren, waren sie fortan den Ordnungen der Welt, der Dualität des Werdens und Vergehens und der feindlichen Natur ausgesetzt. Ihre Nachfahren erdachten sich zum Schutz gegen solche Bedrohung ein allmächtiges Wesen und waren bemüht, sich dessen Wohlwollen zu sichern. In der Absicht, dieses Wesen zu verehren, errichteten sie falschen Göttern Altäre. Dann befleißigten sie sich, ihr jeweiliges Glaubensbekenntnis anderen aufzuzwingen, um, wie sie hofften, jene unbekannten bedrohlichen Mächte zum Schweigen zu bringen. Religionskriege ohne Ende waren die Folge.

Die ruhelose Suche nach dem Sinn unserer Existenz ist Teil unserer menschlichen Natur. Wir konstruieren Welterklärungen und Fiktionen des Unbekannten, um die Leere des für uns Unbegreiflichen mit Sinn zu füllen. Wir passen unser jeweiliges Weltbild unseren Bedürfnissen an, und die Verehrung und das Ansehen, die wir den Hervorbringungen unseres eigenen Geistes angedeihen lassen, untermauern unser Überlegenheitsgefühl gegenüber Andersgläubigen. Daraus resultieren Ehrgeiz, Rivalitätsdenken und Machtgier.

Der geringste Rückschlag erweckt folglich Furcht und Zweifel, und eine durch diese aufgewühlte Einbildungskraft vergrößert nur noch die Angst. Angst und Furcht sind nicht synonym. Wir fürchten uns, und es mag unbestimmt bleiben wovor, wogegen wir Angst vor jemandem oder etwas Bestimmtem verspüren. Wenn sich die Einbildungskraft dieser negativen Emotionen bemächtigt, entstehen Illusionen. Da derartige Illusionen zueinander im Widerspruch stehen, kommt es zu Konflikten, und da wir alle in unseren jeweiligen Illusionen gefangen sind, leben wir in einer Atmosphäre der Verwirrung. Unfähig zu verstehen, warum wir leiden, warum wir überhaupt in dieser offenkundig absurden und furchterregenden Welt leben, erdenken wir Ideologien und schaffen uns Sündenböcke.

Dennoch haben Furcht und Angst durchaus auch eine positive Funktion, da sie uns zwingen, jegliche »Sicherheit« aufzugeben und uns in unserer Erfahrung unablässig zu erneuern. Die Angst vor der Angst löst einen Wandlungsprozeß aus. Sie zwingt uns, illusionäre Fixierungen aufzugeben, alle Brücken hinter uns abzubrechen und eine

neue Einstellung gegenüber unseren Pflichten und Verant-
wortlichkeiten zu entwickeln.

Wenn Menschen jedoch ihre Angst unterdrücken, so ma-
nifestiert sie sich auf die eine oder andere Weise in einer
Flucht nach vorn. Sie werden entweder zu Anhängern von
Willkür und Gewalttätigkeit oder greifen zu Drogen, sie re-
bellieren gegen die ganze Welt oder wenden sich verächt-
lich von ihr ab und sehnen den großen Weltbrand herbei,
der alle andern zugleich mit ihnen und uns verschlingen
soll.

Im Netz unserer irdischen Dualität gefangen und unserer
ursprünglichen Einheit nicht gewahr, werden wir Opfer unseres Aberglaubens, unserer eigenen Hirngespinste und
Wunschträume und leben in Furcht und Zerrissenheit.

Aber sind Aberglaube, Hirngespinste, Illusionen und
Furcht nicht vielleicht Zustände, die uns zwingen, in uns zu
gehen, um die Ursachen unserer Konflikte zu erkennen?
Gehen unsere Konflikte nicht vielleicht auf die Gegensätzlichkeit unserer zwei Naturen zurück, von denen die eine
die instinktive und rationale, die ichverhaftete und kreatür-
liche Seite unseres Wesens, die andere hingegen Ausdruck
unseres intuitiven und inspirierten wahren Seins ist?

Da unsere Sehnsucht nach dem Schönen, Guten und
Wahren – also unser authentisches Wesen – durch unsere
kreatürlichen Begierden und Ängste in ihrer Entfaltung behindert ist, sind wir vor die Frage gestellt, wie wir jene Hindernisse und Barrieren abbauen können, die es uns verweh-
ren, die instinktive und rationale Seite unseres Wesens zu
transzendieren.

Die Antwort ist einfach. Sie lautet: Wir müssen die uns
behindernden Fesseln abstreifen. Das ist jedoch leichter gesagt als getan; denn das setzt zuallererst einmal voraus, daß

wir unsere Meinung von uns selbst und der Welt abstreifen. Dazu bedarf es jedoch einer Willensanstrengung, da wir alle Klischeevorstellungen – auch davon, was gut und was böse ist – über Bord werfen müssen. Dann erst können wir, frei von jeglicher Voreingenommenheit, in jedem Augenblick des richtigen Weges gewahr werden.

Dieses Loslassen jeglicher Voreingenommenheit erfordert beständige Wachsamkeit und zielt auf nichts anderes als auf ungetrübte innere Offenheit. Ein klares Verständnis der Ursachen unserer Probleme setzt uns instand, sie aus der richtigen Perspektive zu betrachten und somit angemessene Lösungsmöglichkeiten zu entdecken.

Offenheit führt zu Gelassenheit, zu rechtem Denken und folglich zu rechtem Handeln.

Wenn man weiß, daß die komplexe Alchimie des Körpers, also das Ineinanderwirken der psychosomatischen Funktionen, wesentlich von Denkgewohnheiten beeinflußt wird, so wird die Bedeutung des rechten Denkens offenkundig. Rechtes Denken erfaßt alle ineinanderwirkenden Umstände in jedem Augenblick, ohne daß Wünsche, Ängste, Leidenschaften und andere Impulse störend dazwischentreten.

Wenn wir uns aller Gefühlsreaktionen enthalten, können wir etwa auftauchende Schwierigkeiten innerlich ruhig und entspannt angehen. Dadurch werden wir zwar nicht weiser, als wir es vorher waren, aber wir haben unsere gesamte Weisheit zur Verfügung.

Gefühlsverwirrung, insbesondere Angst, erzeugt Illusionen. Wenn alle Individuen in ihren jeweiligen Illusionen gefangen sind, droht dieser Zustand in ein Chaos zu münden; dieser Zustand enthält jedoch auch die Möglichkeit eines heilsamen Neubeginns.

Die Angst vor dem Atomkrieg, die Luftverschmutzung, die Entwürdigung der Natur, die Ausrottung bestimmter Tierarten und das Absterben der Meere, das alles könnte zu einem neugeweckten Bewußtsein unserer menschlichen Berufung führen, die darin besteht, am großen Werk der Natur mitzuwirken. Die lebendige Erfahrung unseres Erdenweges eröffnet uns einen Sinn. Im Bewußtsein unserer menschlichen Berufung verschwindet die Angst. Ruhig und gelassen entdecken wir jenseits der nie endenden Bewegung des Lebens eine erhabene Ordnung, deren scheinbare Unbeweglichkeit der Ursprung allen Wandels ist.

So ordnen sich die Partikel des Atoms zu winzigen Sonnensystemen, so zeugt die Rundung einer Mandarine von der ihr innewohnenden Logik, und so berührt man, wenn man eine Blume pflückt, aufgrund des Ineinanderwirkens aller Kraftfelder die Sterne.

Alles ist in allem enthalten, und die Interdependenz der unzähligen Energiefelder verbindet noch das winzigste Elektron mit dem ganzen Universum und das Universum mit dem Elektron.

Aus dieser Perspektive betrachtet verlieren persönliche Probleme die ihnen gemeinhin zugemessene Wichtigkeit und somit auch ihre Härten. Wenn wir sie in einen größeren Rahmen stellen, entdecken wir die höhere Bestimmung des Lebens, das auf der Basis der Erfahrung ein unabdingbarer Aspekt des universalen Evolutionsprozesses ist. Es ist klar, daß die Vernunft letzten Endes immer triumphiert; auf individueller Ebene jedoch setzt sie Selbsterkenntnis voraus. Nur Selbsterkenntnis befreit unser Denken von Gefühlsablagerungen und ermöglicht die unverzichtbare Verknüpfung der Entscheidungen des einzelnen mit dem von der Vernunft Gebotenen. Sie allein garantiert, daß unsere intui-

tiven Einsichten mit der Wahrheit des Augenblicks übereinstimmen. Nur die Einheit von Ratio und Intuition
schützt vor Fehltritten und leitet sowohl den Wissenschaftler wie auch den Wahrheitssucher auf den Wegen des Daseins.

»Stehe auf und gehe«, heißt es im *Neuen Testament,* und
das zu neuer Freiheit ermächtigte menschliche Individuum
kann tatsächlich sein Haupt zum Himmel erheben, ohne
daß seine Füße deshalb den festen Boden verlieren. Es
kann träumen, ohne seinen Träumen zu verfallen. Mythen,
Legenden und Symbole formen sich auf diese Weise zu
einer erlebten Wirklichkeit, stimmen sie doch überein mit
jener zutiefst menschlichen Sehnsucht nach einer Welt, in
der das Wunderbare wirkt.

Als stolze Erben der großen Kultur Altgriechenlands
sollten wir den Wert erkennen, den die Weisen von Hellas
den Mythen und Legenden zuschrieben. Die wahren Mythen enthalten nämlich sinnverleihende Symbole, aus denen wir Menschen lernen können und die es uns durch ihre
»Botschaft« ermöglichen, unser Gefangensein in der Dif-
fusität der zwischen Himmel und Erde waltenden unsichtbaren Zusammenhänge zu überwinden.

Mythen und Symbole haben Schritt für Schritt das
menschliche Bewußtsein geformt. Sie sind im kollektiven
Unbewußten ebenso aufgehoben wie in der Gedankenwelt
des einzelnen. Sie tragen Sorge dafür, daß die menschliche
Suche nach Harmonie in den richtigen Bahnen verläuft.
Harmonie und die ihr erfließende Liebe führen zur Er-
kenntnis, die als die Fähigkeit, im rechten Augenblick das
Richtige zu tun, in Erscheinung tritt.

Die griechische Mythologie überliefert eine Symbolik,

die reich an psychologischen Lehren ist. Beispiele für solche symbolträchtigen Mythen sind sowohl die Taten des THESEUS als auch das tragische Schicksal des ÖDIPUS oder auch der Sieg des BELLEROPHON über die Chimäre. Auch den Mord an den Kindern , des reinen Helden, der sich entwürdigte, indem er dem Bann der schönen und mächtigen Zauberin MEDEA verfiel, müssen wir in diesem Licht sehen.

In den Tiefenschichten von Mythen, Legenden und Tragödien kommt die dem Menschen zugängliche göttliche Inspiration zum Vorschein. Seine Vernunft muß das Gleichgewicht zwischen den verschiedenen, in ihm wirksamen gegensätzlichen Bestrebungen wahren. Andernfalls, nämlich einerseits allein von unserem Intellekt gesteuert und andererseits von unseren Emotionen überwältigt, kommen wir von unserem Weg ab, und unsere Bemühungen sind zum Scheitern verurteilt. Ein Mißerfolg reiht sich an den andern, und wir reagieren blind. Nicht selten wählen die Menschen dann den Weg des Hasses, des Fanatismus und der Machtgier, um einem – wie sie glauben – blinden und daher unverdienten Schicksal zu entrinnen.

Ein solches Verhalten ist vermessen und kann nur verhängnisvoll enden.

KAPITEL 7

Sind wir zivilisiert?

Es ist der Auftrag abendländischer Zivilisation und Kultur, überlieferte Werte hochzuhalten und zu vermitteln, ohne die die ganze Menschheit ärmer wäre. Was unter Zivilisation verstanden werden sollte, wurde bereits gesagt (Seite 46). Wir müssen uns aber auch die Frage stellen, was wir eigentlich unter »zivilisiert« verstehen sollen, nachdem dieser Begriff im Norden und Süden, im Osten und Westen ganz verschieden ausgelegt wird.

Da die Antwort auf die Frage nach der Berufung des Abendlandes sehr vielschichtig ausfallen muß, sollten wir in unseren Schlußfolgerungen differenziert und zurückhaltend vorgehen. Das gleiche gilt für die heute herumgeisternde Frage, ob dieses Abendland denn nicht dem Zerfall entgegengehe. Unsere Gewohnheit, alle Probleme mit Hilfe einiger unreflektierter Begriffe aus der Welt zu schaffen, hilft uns nicht sehr viel weiter. Fragen wir uns deshalb zunächst einmal schlicht, welches Bild, welche Assoziationen sich für uns mit dem Begriff eines »zivilisierten« Menschen verbinden.

Stellen wir uns da einen Menschen vor, der sich offenkundig ohne Schwierigkeiten in einem bestimmten sozialen, politischen, beruflichen oder familiären Umfeld bewegt? Denken wir an einen Menschen, der mühelos alle möglichen technischen Errungenschaften zu nutzen versteht und vielleicht auch noch einen verfeinerten Geschmack hat und alles mit Eleganz zu handhaben weiß, an einen »kultivierten« und zugleich lebenstüchtigen Menschen?

Man könnte die Beispiele weiterführen und noch so manche attraktive Aspekte aufzählen, die der Begriff »zivilisiert« hervorruft. Doch unglücklicherweise entsprechen all die verlockenden Aspekte, die uns einfallen könnten, weder der gegenwärtigen Realität noch dem Anblick, den die sogenannte zivilisierte Welt bietet. Dieser Anblick deutet auf Zerfall.

Von unserer von Begierde und Habsucht angestachelten Konsumgesellschaft wird ein Schauspiel dargeboten, das unser aller unwürdig ist. Genußsucht steht obenauf. Dabei wird mit raffinierten psychologischen Mitteln der exzessiven Vergnügungssucht ständig nachgeholfen. Diese psychologische Beeinflussung leitet die Menschen zunächst einmal dahin, ständig auf ihre Rechte zu pochen und darüber ihre Pflichten zu vergessen. Sie versetzt sie in einen Rausch unablässig wachsender materieller Ansprüche und schafft die dazu notwendigen Bedürfnisse. Die unentwegt geschürte Habgier führt zu der Angst, zu kurz zu kommen, und stachelt Habgier und Raffsucht nur noch um so mehr an. Willkür macht sich breit. Eine zynische und gerissene ferngesteuerte Gewalttätigkeit breitet sich aus. Es sieht so aus, als sei der Mensch des Menschen Wolf, als sei er von einer ansteckenden Krankheit befallen!

Kann man da noch von Zivilisation oder Kultur sprechen?

Maßlosigkeit ist der Todfeind jeglicher Kultur und Zivilisation. Denn Kultur sollte ja gerade Ausdruck jener harmonischen Beziehungen sein, die den Menschen mit dem Universum verbinden, mit der überweltlichen kosmischen Ordnung. Die uns infolge von Wissenschaft und Technik zur Verfügung stehenden Mittel sollten weder unsere Grausamkeit noch unseren Machttrieb verstärken, sondern, ganz im Gegenteil, der ganzen Menschheit zugute kommen, zu deren Glück es notwendig ist, der Harmonie Ausdruck zu verleihen. Das und nichts anderes ist nämlich die Funktion jeglicher Kultur im Evolutionsprozeß, und die Erfahrung aller in der Vergangenheit verpaßten Chancen sollte gerade uns abendländische Menschen zu bewußtem Handeln motivieren.

Ob die Attribute »zivilisiert« und »kultiviert« für den westlichen Menschen unserer Zeit berechtigt sind, steht noch dahin, obgleich in vielen Regionen der Welt ganze Völker seinen Lebensstil nachahmen, von ihm politische und soziale Theorien und Ideen übernehmen und sich seine wissenschaftlichen und technischen Kenntnisse sowie seine wirtschaftlichen Errungenschaften aneignen.

Der vielbeneidete und vielgeschmähte westliche Mensch muß jedoch noch lernen, die Höhe- von den Tiefpunkten seiner Geschichte zu unterscheiden, um in ihrem verschlungenen Verlauf seine menschliche Berufung zu entdecken, die identisch ist mit der Berufung der gesamten Gemeinschaft, der er angehört.

Da wir in einer technologisch-wissenschaftlichen Gesellschaft leben, müssen wir auch unsere Probleme in diesem Kontext lösen, und nur wenn wir dabei die alltägliche Herausforderung nicht aus den Augen verlieren, besteht Hoffnung auf Erfolg, das heißt auf einen Zustand des Wohlbefindens sowohl des einzelnen als auch der Gesellschaft.

Dieser Zustand harmonischen Wohlbefindens ist Ziel

des philosophischen Weges, und er führt nur über die Kunst richtigen Lebens zum Glück. Wohlstand und Wohlleben verschaffen gewiß auch unbestreitbare Befriedigungen; sie sind jedoch immer nur von flüchtiger Dauer. Auf der anderen Seite ist der Zustand harmonischen Wohlbefindens tatsächlich erreichbar, und jene, die ihn erleben, erfahren eine unerschöpfliche Freude und meiden alle Verhaltensweisen, die diesen Zustand gefährden könnten.

Um diesen Zustand zu erlangen, ist eine fundamentale Wandlung unerläßlich. Nur auf der Grundlage einer solchen Wandlung ist es überhaupt möglich, eine politische, soziale, ökonomische und technologische Ordnung zu schaffen, die eine Alternative zu der heutigen bürokratischen Gesellschaft bietet, die auf dem Verzicht persönlicher Initiative von seiten des Individuums und seiner bedingungslosen Selbstaufgabe beruht. Als Kompensation für diese Selbstaufgabe offeriert die Gesellschaft dem einzelnen eine materielle Scheinsicherheit; zweifellos sind in unserer ökonomisch krisengeschüttelten Welt Ansprüche auf Renten und andere Sozialleistungen nur unsichere Garantien für lebenslange wirtschaftliche Sicherheit.

Wenn wir die westliche Zivilisation unvoreingenommen betrachten, so besteht vielleicht die Möglichkeit, die tiefliegenden Ursachen aufzuspüren, die all den Erschütterungen und ihren unglückseligen Folgen zugrunde liegen. Vielleicht gelingt es uns dann, Lösungen zu entdecken und die Probleme an den Wurzeln zu packen und nicht nur die Symptome zu kurieren.

Wie schon gesagt, lassen sich diese Wurzeln alle auf Angst in ihren verschiedenen Schattierungen zurückführen. Im übrigen vergrößert die aus dem Zerfall der Familie resultierende Isolation des einzelnen noch die angstgeprägte allgemeine Verwirrung. Es ist nicht übertrieben zu behaupten, daß Unwissenheit hinsichtlich des Sinns aller menschlichen Erfahrung am Ursprung der zahllosen Konflikte liegt, aus denen Angst entsteht und die ihrerseits wiederum Angst erzeugt.

Wir wollen uns dieser Tatsachen bewußt sein, nicht etwa um soziale, politische, ökonomische oder philosophische Theorien aufzustellen, sondern, gerade im Gegenteil, um über solche Theorien hinauszukommen. Da Fortschritt, Wohlstand, Leistungsfähigkeit und Rentabilität ihre wunderbaren Verheißungen bisher nicht gehalten haben, müssen wir heute mehr denn je die Grundlagen der Welt von morgen überdenken.

Wir haben ungeheure Energien gebändigt, wir konstruieren Roboter, wahre mechanische Wunderwerke, die all unsere bisherigen Arbeitsmethoden über den Haufen werfen und uns von Aufgaben befreien, die sie besser ausführen als wir selbst. Die Triumphe der Wissenschaft schieben die Grenzen des Unerforschten immer weiter hinaus. Die Materie wandelt sich zu einem Energiewirbel, und es heißt sogar, daß eine besondere Krümmung des raumzeitlichen Kontinuums Partikel zur Erscheinung bringt, die die Elementarbausteine unseres Universums sind.

Radarstrahlen durchforschen den Raum. Ferngesteuerte Sonden künden von entfernten Planeten. Informationen reisen - von Satelliten übertragen - in Sekunden um die Welt und erscheinen, in Bilder umgewandelt, auf Bildschirmen. Der Himmel gehört dem Menschen, und das Flugzeug fliegt schneller als der Schall. Die Grundlagenforschung schreitet voran, und bestimmten Vorhersagen zufolge stehen biologische Entdeckungen unmittelbar bevor, die es ermöglichen, Bedingungen zu schaffen, die die Entstehung organischen Lebens begünstigen. Es lassen sich jedoch nur die Bedingungen, unter denen sich Leben entwickeln kann, künstlich erzeugen; das Leben selbst ist ohne Anfang oder Ende, und niemand kann das Wunder der Schöpfung künstlich erzeugen.

Alles Bestehende spiegelt das Leben wider, und die Formen, die es beseelt, verschwinden, um immer neu zu entstehen. Niemand hat das Leben je gesehen. Der Halbgott Mensch brüstet sich mit seiner Macht, befürchtet jedoch zugleich, daß die von ihm entfesselten Energien ihn in ihren Wirbel hineinziehen und vernichten könnten.

Das Gespenst eines Atomkrieges verfolgt ihn zwar, hindert ihn jedoch nicht daran, immer mehr Atomwaffen herzustellen. Das Unheil der galoppierenden Bevölkerungszunahme und der daraus resultierende Hunger sind ihm bewußt, ändern jedoch nichts daran, daß er seine Reichtümer vergeudet und durch zügellose Ausbeutung der Erde zu ihrer allmählichen Verwüstung beiträgt.

Die Verschmutzung der Flüsse und Meere untergräbt die Lebensbedingungen nützlicher Tierarten, die allmählich verschwinden, und auch das Dasein des Menschen selbst ist bedroht.

Zwar lamentiert alle Welt lauthals über diese Bedrohungen, man vergeudet jedoch weiterhin die Schätze der Erde, ohne daß den hybriden Ansprüchen eine Grenze gesetzt würde. Die Habgier ist grenzenlos, und die Möglichkeit eines atomaren, bakteriologischen oder biologischen Krieges, die von Politikern aller Lager ernsthaft erwogen wird, veranschaulicht unsere inneren Widersprüche und Konflikte.

Jeder Krieg ist letztlich nur Ausdruck der Summe der inneren Konflikte aller daran Beteiligten. Die ungeheuerliche

Gefahr eines atomaren Weltbrandes schwebt über uns, und der abendländische Mensch, der der Urheber dieser Bedrohung ist, muß daher selbstverantwortlich alles daransetzen, sie abzuwenden.

In einer Art Delirium, dessen Ursachen in des Menschen Überheblichkeit, Machtgier und Angst zu suchen sind, sehen heute viele schon dem möglichen Weltuntergang entgegen. Eine ständig zunehmende Zahl von Propheten des Untergangs beschreibt diese denkbare Katastrophe immer detaillierter und verstärkt so die ohnehin schon tiefsitzende Angst. Innere Zerrissenheit unterstützt noch den Glauben, ein verhängnisvolles Schicksal führe die Menschheit auf die abschüssige Bahn.

Wir alle müssen endlich erkennen, daß der Mensch selbst sein Schicksal gestaltet. Wer die Verantwortung auf Umstände oder den Zufall abwälzt, tarnt hinter Ausflüchten seinen Mangel an Weisheit; so kann er sich dann auch noch in dem Glauben wiegen, das Schlimmste lasse sich ohnehin abwenden.

Der Mensch kann seine Kräfte nicht nur konstruktiv, sondern leider auch destruktiv gebrauchen und, wenn er entsprechend geschult ist, seine geistig-seelischen Energien zur Beeinflussung anderer Menschen einsetzen. Jedermann kennt die manipulative Macht der Sprache und weiß, wie leicht die Massen zu entflammen sind. Mit Hilfe flammender Schlagwörter bringen Demagogen es immer wieder leicht fertig, ihre wirklichen oder potentiellen Gegner zu schädigen oder zu »erledigen«. Sie schwelgen dann im Gefühl der Überlegenheit und vergessen darüber die Qualen, die sie erleiden, wenn sie mit sich allein sind und sich ihre innere Leere eingestehen müssen.

Und wir – sind wir gegen solches gefeit, sind wir ganz anders? Möchten wir nicht gerne vieles verstehen, doch leider haben wir nicht gelernt zuzuhören? Hinter einer Abwehrmauer aus psychologischen, religiösen und wissenschaftlichen Vorurteilen verschanzt, sind wir bemüht zuzuhören und hören doch allzuoft nur unseren eigenen Lärm.

Es gibt eine Kunst des Zuhörens, jedoch bedarf es der inneren Ruhe, um sich auf einen Gesprächspartner einzuschwingen und ihm wirklich zuzuhören, und zwar nicht nur mit den Ohren, sondern mit allen Seelenkräften.

Die Zeiten sind ernst, und wenn wir die Katastrophen, von denen allzu viele beredte Prognostiker sprechen, wirklich vermeiden wollen, so müssen wir die wahre Weisheit wiederentdecken, die allein geeignet ist, Engpässe der Geschichte, wie wir sie heute durchleben, zu überwinden. Über Technik und Wissenschaft den Bannfluch zu verhängen wäre absurd, da beide Ausdruck des schöpferischen Genius des Menschen sind. Wenn wir sie jedoch unserem kleinlichen, ichverhafteten Gesetz unterwerfen und nicht dem universalen Lebensgesetz, so könnte das tatsächlich katastrophale Folgen zeitigen. Nur eine wache, von den Schleiern der Unwissenheit befreite Vernunft, die aus wahrem Verstehen hervorgegangen ist, kann eine neue Menschheitsepoche und göttliche Gerechtigkeit heraufführen.

Obwohl die Unwissenheit tatsächlich unser Hauptfeind ist, genügt es nicht, diese Tatsache zu erkennen. Wir können durchaus eine Menge wissen, ohne jedoch das Wesentliche verstanden zu haben. Das Wesentliche ist jedoch, daß wir endlich erwachen und ein neues Bewußtsein entwikkeln. Dieses neue Bewußtsein läßt sich allerdings nicht in der Weise abstrakten Wissens erwerben, sondern es bedarf dazu der Auflösung all jener inneren Hemmungen, die uns daran hindern, die Schwelle zu übertreten, jenseits derer alles anders ist. Voraussetzung dieser Grenzüberschreitung ist jedoch, daß wir zunächst zu unserem Ursprung zurückkehren.

KAPITEL 8

Die Wahrheit des Augenblicks

Jede Verallgemeinerung enthält zwangsläufig Elemente des Irrtums. Ereignisse, die einer bestimmten historischen Epoche ihren Stempel aufdrückten, können bestenfalls zur Sichtbarmachung einer gewissen Tendenz herangezogen werden. Die Folgen eines Geschehens fallen unter unterschiedlichen räumlichen und zeitlichen Bedingungen in verschiedener Weise aus.

Eines ist jedoch klar: Ein Kennzeichen des rapiden technologischen Fortschritts und des von diesem hervorgerufenen Wandels ist die Ersetzung des Natürlichen durch das Künstliche. Diese Entwicklung führt zu elementaren »physiologischen« Veränderungen im »Organismus« der Welt, deren nicht vorhersehbare Folgen nur allmählich in Erscheinung treten. Da dieser Prozeß aber auch auf unser psychologisches Universum entscheidende Auswirkungen hat, prägt er gewiß auch unser Verhalten. Geistig anstrengende Tätigkeiten überläßt man heutzutage weitgehend elektronischen Maschinen. Weitreichende Entscheidungen werden zunehmend auf der Basis von computergesteuerten Informationen getroffen, und Computer beherrschen das Geschäftsleben ebenso wie die Entscheidungsprozesse von Regierungen, die über Krieg und Frieden, also über Menschenleben, bestimmen.

Von chemischen Mitteln durchsetzte Nahrung verändert die komplexe Alchimie des Körpers. Die Anwendung chemischer Düngemittel im Ackerbau sowie von Hormonen in der Tierhaltung haben biochemische Auswirkungen auf den menschlichen Organismus.

Tiefgekühlte und chemisch behandelte Nahrungsmittel werden auf die Märkte geworfen. Synthetische Fasern wie Eternit (Asbestzement) ersetzen natürliche Baustoffe oder in Form von Acryl die Wolle. Das Fleisch wird mit chemischen »Weichmachern« behandelt, um es mürbe zu machen, und verliert dabei seine Nahrhaftigkeit.

Die bisher zum Kochen notwendige Hitze wird durch Mikrowellen ersetzt, die um der kürzeren Kochzeit willen die Molekularstruktur der Nahrung zerschmettern.

Die Pille verändert den biologischen Rhythmus der Frau, und die Genetik entwickelt Methoden, mit deren Hilfe sich Übermenschen, Genies, aber auch Monstren erzeugen lassen sollen.

Die Wissenschaft geht davon aus, daß sie über kurz oder lang Bedingungen künstlich herbeiführen kann, unter denen Leben entsteht. In unserer Anmaßung werden wir Menschen vermutlich eines Tages behaupten, wir hätten es erschaffen, und übersehen, daß sich Leben nicht erschaffen läßt, sondern seit unvordenklichen Zeiten besteht.

In Unkenntnis der Gesetze des Lebens verteidigen wir die Abtreibung, ohne uns Gedanken darüber zu machen, ob jener Energiekern, den wir Seele nennen, wenn wir ihn aus seiner natürlichen Wohnstatt vertreiben, nicht gezwungen ist, in einem andern Schoß Zuflucht zu suchen. Möglicherweise sind Mißbildungen die Folge einer mangelnden Übereinstimmung zwischen dem Rhythmus einer solchen Seele und demjenigen der »Ersatzmutter« oder zwischen dem Entwicklungsstand der Frau und demjenigen der vertriebenen Seelen. So kommt es dann eines Tages zu einem Ausbruch des Hasses und der Gewalt.

Sind wir uns eigentlich der Tatsache bewußt, daß die Abtreibung in den westlichen Ländern innerhalb eines Jahrzehnts mehr Opfer gefordert hat als die Grauen zweier Weltkriege?

Obwohl die Forschung voranschreitet und immer neue Erfindungen und Entdeckungen den Fortschrittsglauben stärken, haben wir allen Grund, daran zu zweifeln, ob die Entwicklung des Menschen tatsächlich voranschreitet.

Ist er sich selbst überlassen, langweilt sich der heutige Mensch im allgemeinen. Er schaltet das Radio oder den Fernseher ein. Selbst bei der Arbeit braucht er Hintergrundberieselung. Er geht durch die Straßen und verstopft sich die Ohren mit den Kopfhörern eines Transistors. Die an hochtechnisiertes Spielzeug gewöhnten Kinder können nicht mehr richtig spielen. Desorientierte Städter überfüllen die Wartezimmer der Ärzte, Psychologen, Psychiater, aber auch von Medien, Astrologen und Geistheilern.

Anders haben sie keine Kraft mehr, die Durststrecken des Alltags durchzustehen. Vom Leben enttäuscht, stürzen sich viele von ihnen in sinnlose Unternehmungen und hoffen, im Drogenrausch, durch Terrorismus oder sinnleeren Aktivismus ihre Sehnsucht nach dem ganz anderen zu stillen. Entmenschlicht nun solche Künstlichkeit ihre allzu hingabebereiten Opfer, oder hilft sie ihnen dabei, ihr bisher unverstandenes Schicksal besser zu meistern?

Die fundamentale Frage, wie das Leben zu meistern sei, läßt sich nur im Zusammenhang mit der Berufung des abendländischen Menschen und somit dem Auftrag des Abendlandes überhaupt beantworten.

Obwohl noch verschwommen und trotz aller möglichen Exzesse ist in der Welt des Abendlandes ein neues Bewußtsein im Entstehen. Es drückt sich beispielsweise in der im Westen weitverbreiteten Suche nach einem »Meister« aus. Diese Suche ist ein Zeichen jugendlicher Rebellion. Die Jugend will verstehen und sich nicht nur auf blinden Glauben stützen. Allerdings scheint die junge Generation von der Annahme auszugehen, daß sich solche Meister nur in fernsten Ländern finden lassen.

Die Suche nach einem solch außergewöhnlichen Menschen birgt die Gefahr in sich, daß die Suchenden auf den falschen Weg geraten, ja in eine Sackgasse. Von der fixen Idee dessen besessen, wie ein Meister zu sein habe, kann es ihnen durchaus passieren, daß sie ihm begegnen, ohne ihn zu erkennen. Zwar wollen sie nicht irregehen, aber wie leicht können sie ihren eigenen Wunschvorstellungen zum Opfer fallen!

Wir vergessen nur allzuhäufig, daß ein wahrer Meister sich weder seiner Fähigkeit noch seiner Macht rühmt, daß er keinerlei Einfluß auszuüben versucht und daß er auf alle Äußerungen verzichtet, die in dem Schüler ein Gefühl der Auserwähltheit aufkommen lassen könnten.

Dennoch ist die Suche nach einem Meister Ausdruck der tiefen Sehnsucht nach der Erfüllung des wahren Lebenssinns. Tatsächlich ist unser Jahrhundert – wenngleich der Augenschein das Gegenteil zu erweisen scheint – zutiefst religiös. Obwohl die Priesterseminare und Klöster der etablierten Kirchen des Nachwuchses entbehren, ziehen zum Beispiel der tibetische oder der Zenbuddhismus und andere spirituelle Richtungen zahlreiche Adepten an. Laufend hören wir von neuen religiösen Gruppierungen und Gemeinschaften. Die Sekten sprießen nur so aus dem Boden und

versprechen ihren Anhängern eine neue Seinserfahrung.
Bestes und Schlimmstes stehen in dieser Entwicklung nahe
beieinander. Die Ausbeutung der Sehnsucht nach Sinn und
Erfüllung treibt die seltsamsten Blüten.

Dennoch ist die Tendenz unübersehbar, und die Suche
nach der Wahrheit erfaßt immer größere Bevölkerungsteile.

Was ist nun aber diese Wahrheit, die so viele zu finden
hoffen? Sie ist schwer zu definieren. Manche suchen sie, andere behaupten, sie gefunden zu haben, und wieder andere
reduzieren sie auf das Motto »Jedem die seine!«.

Um einer Klärung dieser Frage wenigstens einen Schritt
näherzukommen, sollten wir uns zunächst einmal bewußt-
machen, daß sich die Wahrheit nicht kategorisieren läßt.
Die Wahrheit offenbart sich in der ungetrübten Wahrnehmung des Augenblicks, und dieser Augenblick der Wahrheit, erleuchtet das gesamte Wesen, das gesamte Sein. Der
Augenblick erweckt in uns jedoch nicht die falsche Gewißheit, in ihm sei ein für allemal eine endgültige Wahrheit ein-
geschlossen.

Die Wahrheit nimmt teil am Rhythmus des Lebens. Sie
ist Bewegung. Sie kann nur erkannt werden jenseits der sich
wandelnden Welt der Formen, in denen nur ihre unzähligen Facetten zum Vorschein kommen. Die Wahrheit verschmilzt mit der Wirklichkeit hinter der Erscheinungswelt,
aber diese Wirklichkeit zu erfassen ist nur möglich aufgrund der Fähigkeit einer Wahrnehmung auf verschiedenen Ebenen: auf der physischen Ebene, der rationalen und
der geistig-spirituellen.

Für die einen beschränkt sich Wahrheit ausschließlich
auf das, was sich beobachten läßt, für die anderen entspricht sie einem göttlichen Gedanken oder Urbild, dessen
Ausdruck das »Wort« ist. Jede Beobachtung kann nur in

unserer dualen Welt stattfinden. Unsere alltägliche Erfahrung konfrontiert uns ständig mit dieser Dualität oder Polarität. Sie ist eine existentielle Gegebenheit. Auf der anderen Seite entspricht der göttliche Gedanke dem universellen Lebensgesetz, dem Logos der Antike, und diese Realität übersteigt jegliche Dualität und liegt jenseits des Prinzips des Yin und Yang, jenseits des Aktiven und des Passiven, des Männlichen und des Weiblichen.

Zwischen diesen zwei Polen, also zwischen dem Sichtbaren und dem Unsichtbaren, befindet sich die Welt des Okkulten, des Geheimen. Der rationale Mensch des zwanzigsten Jahrhunderts hat allzulange hartnäckig alle an Wunder grenzenden Phänomene geleugnet und ist daher von dem gegenwärtigen Interesse an Parapsychologie, die viele dieser Wunder als natürliche Phänomene zu erklären vermochte, an alternativer Medizin und Esoterik überrascht.

»Es gibt kein Geheimnis, das nicht offenbar werden wird.« Sehen wir von der Parapsychologie, die sich wissenschaftlicher Methoden bedient, ab, so muß gesagt werden, daß die Anziehungskraft des Okkulten nicht ganz ungefährlich ist. Man sollte sich nicht unvorbereitet auf die Geheimnisse der unsichtbaren Welt einlassen. Wir müssen uns aller Erwartungen enthalten und alle vertrauten Begriffe vergessen.

Wer auf der Basis vorgefaßter Meinungen Zutritt zur Welt des Okkulten sucht, wird entweder nur zu Teilerkenntnissen oder zu vollkommen falschen Schlußfolgerungen gelangen. Um das Wesen der okkulten Welt, über die sich wissenschaftlich nichts aussagen läßt, verstehend zu erfassen, müssen wir auf alle intellektuellen Projektionen verzichten.

In einem der apokryphen *Evangelien* heißt es: »Wenn das Weibliche nicht mehr weiblich und das Männliche nicht mehr männlich sein wird, so werdet ihr in das Himmelreich eintreten«, und dieser JESUS zugeschriebene Ausspruch führt uns auf das Problem des existentiellen Dualismus zurück.

Wenden wir in diesem Zusammenhang unsere Aufmerksamkeit kurz dem Geschehen auf dem Kalvarienberg zu. Wenn das Wort »apokryph« heutzutage fast synonym mit »unecht« oder »zweifelhaft« gebraucht wird, so bedeutet es doch ursprünglich »verborgen«. Gibt es etwa ein größeres Geheimnis als den Kreuzestod CHRISTI? Das Drama der Passion zeigt JESUS gekreuzigt zwischen zwei Schächern. Dieses ergreifende Bild enthält, denke ich, eine tiefe Lehre. Warum wurde JESUS ausgerechnet zwischen zwei Verbrechern gekreuzigt, die sich so unterschiedlich verhielten? Der eine von ihnen erwacht zum ewigen Leben, wogegen der andere, blind und reulos, nach einigen unflätigen Worten stirbt.

Jedes Symbol ist die Verkörperung einer Idee. Hat nicht das Drama von Golgatha auch eine symbolische Bedeutung? Zeigt es nicht den zwischen Gut und Böse qualvoll schwankenden Menschen, der zum ewigen Leben erst durch den Tod erwacht? Dürfen wir daraus nicht schließen, daß das ewig triumphierende Leben sein lebendiges Abenteuer auch jenseits unserer dualen Existenz fortsetzt?

Auf der Ebene unseres alltäglichen Daseins sind Gut und Böse Gegensätze. Das Böse erhält die Oberhand, wenn wir Macht zu unserem eigenen oder zum Vorteil eines Systems, mit dem wir uns identifizieren, erstreben. Gut ist hingegen alles, was die Harmonie von Körper und Geist fördert und den Tumult der Leidenschaft zum Schweigen bringt.

Die Gegensätzlichkeit ist der Ursprung ständiger Verwirrung und führt zu Konflikten. »Ich bin zerrissen zwischen

dem Übel, dem ich nachgebe, und dem Guten, das ich tun
möchte«, bekannte OVID, und ähnliches sagte vor und
nach ihm manch anderer Großer des Geistes.

Ein genußsüchtiger, der Anhäufung von Wissen verfalle-
ner, in intellektueller Selbstgefälligkeit dahinlebender
Mensch ruft Angst hervor, und Angst ist die Wurzel aller
Wirrnisse und Streitigkeiten. Die Menschheit wird von der
Angst vor dem Unbekannten gequält. Die Wissenschaft
schiebt zwar die Grenzen unseres Wissens immer weiter
hinaus, vergrößert allerdings auch unsere Furcht, indem sie
uns die Unbegreiflichkeit des Universums bewußtmacht.

Seit der Mensch vom Baum der Erkenntnis gegessen hat,
ist er – seiner ursprünglichen Einheit uneingedenk – der
Illusion seiner existentiellen Gespaltenheit verfallen. Zwar
sucht er noch immer nach dem Weg, der zum Baum des Lebens führt, aber die gute Absicht allein genügt nicht. Der
Weg zur Hölle ist mit guten Vorsätzen gepflastert! Aus Vorsätzen ist der Schleier gewebt, mit dem wir unsere Trägheit,
unsere Laster, Gelüste und Leidenschaften verhüllen.

Da wir der Illusion von der Dualität der Welt unterliegen, befinden wir Menschen uns andauernd im Konflikt
mit uns selbst. Solange dieser Konflikt in uns die Oberhand
hat, sind wir unfrei und unfähig, die Harmonie zu erreichen, die alle sich widerstreitenden Kräfte übersteigt und
unser wahrer Seinsgrund ist.

Der Harmonie im eigenen Dasein zum Ausdruck zu ver-
helfen setzt völlige Ausgeglichenheit auf allen drei Ebenen
unserer Existenz voraus, der physischen, der psychischen
und der geistigen; nur so ist es unserer wahren Natur möglich, zum Vorschein zu kommen.

An arglistigen, hinterhältigen wie auch pseudogeistigen
Rechtfertigungen fehlt es nie, wenn wir unseren Verstand

von faszinierenden Theorien und Doktrinen umgarnen lassen und uns in dem Glauben wiegen, wir könnten unseren Gelüsten frönen und Gott und dem Mammon gleichzeitig dienen.

»Der in der Finsternis schreitet, weiß nicht, wohin er geht«, bemerkt der Evangelist JOHANNES in diesem Zusammenhang. Tatsächlich läßt uns mangelnde geistige Klarsicht zwischen den Schattengebilden des Unbewußten einhergehen, das nichtsdestoweniger die Summe aller menschlichen Erfahrung schlechthin enthält. »Wir können die ganze Welt erforschen«, sagt ein Weiser der Vergangenheit, »weil in jedem von uns die ganze Welt enthalten ist. Ein Wassertropfen im Meer«, so fährt er fort, »weiß vielleicht, daß er dem Meer angehört, aber er ist sich nicht bewußt, daß das Meer ebensogut in ihm selbst enthalten ist.«

Gott und der Teufel sind auch in uns, aber es ist der Teufel, der die Presse hat. Skandale, Morde, Kriege, Streitigkeiten und sonstige Übel füllen die Zeitungen. Der Teufel versteht es meisterhaft, alle Aufmerksamkeit auf sich zu lenken. Er ist der Anführer eines gigantischen Reigens. Wir nehmen an diesem Reigen teil, wenn wir uns vom diabolischen Wahn dazu verführen lassen, vergänglichem Erfolg nachzujagen und die Naturgesetze unseren egoistischen Bestrebungen unterjochen zu wollen. Auf Siege folgen Niederlagen und auf Niederlagen Siege, und dennoch weigern wir uns, unsere närrischen Träume aufzugeben.

Der menschliche Genius prägt der Welt seinen Stempel auf. Er veredelt Bäume, züchtet neue Gattungen, verändert das Antlitz der Erde. Selbstzufriedenheit erfüllt uns, die jedoch des Glücks entbehrt und von Angst durchsetzt ist.

Gerade in der heutigen Zeit müssen wir uns darauf besinnen, daß der Baum des Lebens von Engeln bewacht wird und daß wir uns in unserem eigenen Körper zur Unsterblichkeit erheben, wenn wir es unserer Seele gestatten, wie eine Harfe im Einklang mit der Weltseele zu schwingen, wenn wir den uns wesenhaften Rhythmus dem reinen Rhythmus des universellen Geistes angleichen.

Nur wenn wir selbst engelhaft werden, ist es uns möglich, uns dem Baum des Lebens im Garten Eden zu nähern. Nur dann »ist es erlaubt, die goldenen Früchte im Garten der Hesperiden zu pflücken und uns in den strahlenden Äther zu erheben und Unsterblichkeit zu erlangen«. Diese Metapher ist den PYTHAGORAS zugeschriebenen *Goldenen Versen* entnommen. Dieser große Philosoph sah in dem voll erwachten Menschen einen »Götterlehrling«. Jedem Lehrling ist bestimmt, es auch zur Meisterschaft zu bringen. Er muß sich nur der ihm innewohnenden Möglichkeiten bewußt werden und das große Werk erkennen, an dem mit ganzem Herzen und mit ganzer Seele mitzuwirken er aufgerufen ist.

KAPITEL 9

Die Herausforderung

Jede Aufgabe wächst sich früher oder später zu einer Herausforderung aus. Wir Menschen des Abendlandes stehen einer äußeren wie einer inneren Herausforderung gegenüber. Diese beiden Aspekte sind untrennbar verbunden mit der wissenschaftlichen, technischen und psychologischen Entwicklung in unseren Gesellschaften und mit jenen Entdeckungen, die unser traditionelles Weltbild umgestürzt haben.

Bevor wir uns Rechenschaft darüber ablegen, wie diesen Herausforderungen zu begegnen ist, scheint es angebracht, uns mit einigen Erkenntnissen der zu Unrecht für alle Übel der Gesellschaft verantwortlich gehaltenen modernen Wissenschaft, insbesondere natürlich der vielgeschmähten Physik, auseinanderzusetzen, die unser gesamtes Weltbild revolutioniert haben.

»Daß ich nicht lache!« rief WERNER HEISENBERG, einer der größten Atomwissenschaftler unserer Zeit und Nobelpreisträger, einmal aus. »Ihr redet von Elektronen und Wellen. Glaubt ihr, einen Atomkern oder ein Elektron oder eine Welle beobachten zu können? Vergeßt es! Ihr werdet sie nie zu Gesicht bekommen. Die Welle, die ein Elektron weiterleitet, ist nichts anderes als eine Wahrscheinlichkeitswelle.«

Leben wir in einer Welt, in der nur die Wahrscheinlichkeit herrscht? Wenn das so ist, warum suchen wir dann so hartnäckig nach absoluten Gewißheiten, die offenkundig im Gegensatz zu den Naturgesetzen stehen? Die Natur wendet, biegt und zieht doch alles, was sich ihr widersetzt, in ihre Ordnung zurück. Wir sind daher gehalten, uns ständig an stets sich ändernde Bedingungen anzupassen.

Wenn wir in jedem Augenblick unvoreingenommen, offen und in geistiger Wachheit die jeweilige Situation zur Kenntnis nehmen, so wächst nicht nur unser Verständnis, sondern wir sind dann auch fähig, genau die Entscheidungen zu treffen, die den Umständen angemessen sind.

Der Wissenschaft ist es zwar gelungen, das Atom zu spalten; das Geheimnis unseres Ursprungs hat sie jedoch nicht erklären können. Der letzte Grund unseres Lebens, das Warum, ist weiterhin unbekannt. Woher kommen wir? Wohin gehen wir? Das sind die ewigen Fragen, die die Menschen von jeher beschäftigen. Wir tauchen ein in das Universum des unendlich Kleinen, und verwirrt wissen wir nicht mehr, ob das, was wir beobachten, die fundamentale Struktur der Materie ist oder ein Energiewirbel, der sich der Beobachtung entzieht. Alles ist in Bewegung, Wandlung und Veränderung begriffen, die Galaxien, die Sonnensysteme, die Planeten, die Erde, die Atome, die Partikel.

Die zum physikalischen Gesetz erhobene Unbestimmtheit ist vielleicht das Spiegelbild einer kosmischen Realität, die den zu einer neuen Bewußtheit erwachten Menschen – der zugleich Zuschauer und Darsteller auf der Weltbühne ist – dazu ermutigen sollte, angesichts des unaufhörlichen Wandels auf all die überlebten begrifflichen und emotionalen Fixierungen zu verzichten, die ihn in der Entfaltung seiner ureigenen Möglichkeiten behindern.

Die Natur gewährt ihren Schutz all jenen, die sich vertrauensvoll ihren Gesetzen anheimgeben. Wenn wir in unserem Handeln den Rhythmus des Lebens der Natur mißachten, setzt sie unseren Unternehmungen Widerstand entgegen. In unserem Verhalten verstoßen wir ständig gegen die Gesetze der Natur, und da wir auf diese Weise immer wieder scheitern, erwarten wir von der Wissenschaft beruhigende Gewißheiten. Die Wissenschaft kann solchen Ansprüchen jedoch nicht gerecht werden, da sie unsere geheime Sehnsucht nach einem wunderbaren ganz Anderen nicht in eine Formel kleiden kann.

Dieses wunderbare Andere gehört in den Bereich der Metaphysik, die sich mit den letzten Gründen und Zusammenhängen des Seins jenseits der durch die Sinne erfahrbaren Welt beschäftigt. Dennoch kommt die moderne Naturwissenschaft – wenn auch widerwillig und nur unter dem Druck einer geradezu schmerzhaft empfundenen Notwendigkeit – nicht mehr um Berührungspunkte herum, die sie mit der Metaphysik verbindet.

Hochentwickelte Instrumente – wie etwa elektronische Mikroskope, Computer und Teilchenbeschleuniger – beweisen die Existenz von physikalischen Prozessen, die unseren Sinnen verborgen sind. Eine neue Dimension enthüllt sich im Hintergrund technischer Errungenschaften, und selbst jene, die zu ihrer Entdeckung beigetragen haben, stehen staunend vor den Wundern unserer Natur.

Jenseits des in verschiedenen Forschungsbereichen angelegten Versuchsfeldes hat sich die Einheit allen Geschehens im Universum herausgestellt. Diese Einheit, die, noch bevor sie wissenschaftlich bewiesen, bereits intuitiv erfaßt worden ist, entzieht sich jeglicher Beschreibung; unsere konventionelle Sprache erweist sich als unzulänglich.

Vielleicht verwandelt unser Hirn eine Realität, die sich durch aufeinanderfolgende rhythmische Impulse offenbart, in Erscheinungen der Dingwelt, in Vorgänge, Begebenheiten, Farben, Töne und so weiter. Das Universum existiert jedenfalls so, wie es uns erscheint, ausschließlich in unserem Bewußtsein. Allein der Mystiker kann, indem er die Grenzen sinnlicher Anschauung wie auch des Verstandes für Augenblicke überschreitet, den Rhythmus seiner Seele mit dem Rhythmus des Kosmos in Einklang bringen. Dieser Augenblick der Wahrheit, den er erlebt, führt zu einer Erleuchtung seines Wesens; für diesen kurzen Augenblick verschmilzt er mit dem unermeßlichen Bewußtsein einer die Grenzen des Denkens übersteigenden Realität.

ALBERT EINSTEIN war sich dessen bewußt, als er feststellte: »Die schönste und tiefste Empfindung, die wir erfahren können, ist die mystische. Sie ist der Same jeder wahren Wissenschaft. Ein Mensch, dem diese Empfindung fremd ist, der sich nicht mehr, von Ehrfurcht erfüllt, wundern kann, ist gleichsam tot.«

Seien wir also von Leben durchpulste Menschen, die ehrfürchtig die Wunder der Natur bewundern. Und seien wir uns auch bewußt, daß unser Denken nicht nur die Biochemie des Körpers beeinflußt, sondern auch die Lebensdynamik, die in unserem Nervensystem kreist.

Die Welt ist unser Laboratorium, der Ort unserer Bewährung. Sorgen wir dafür, daß sie uns nicht, indem wir die Gesetze des Lebens mißachten, zum Purgatorium wird. Seien wir uns bewußt, daß die unendliche Vielfalt der geistigen, kulturellen, politischen, sozialen, chemischen, biologischen und physikalischen Wechselwirkungen in ihrer Gesamtheit den kaleidoskopischen Spiegel einer übersinnlichen Wirklichkeit bildet, die sich im sichtbaren Universum als deren innere Logik enthüllt. Einem solchen Bewußtsein offenbart sich auch, daß jedes Individuum eine lebende Zelle eines »lebenden Ganzen« und berufen ist, seine schöpferischen Kräfte jenen Energien anzugleichen, die im Kosmos walten. Ein solcher Standpunkt ist der in unserer Gesellschaft weitverbreiteten Philosophie diametral entgegengesetzt, die behauptet, der Zerfall des Abendlandes sei nur noch eine Frage kurzer Zeit.

Jede Gesellschaft, jede menschliche Gemeinschaft entwickelt sich nach bestimmten Gesetzen, die jenen ähneln, die die moderne Naturwissenschaft in der Grundlagenforschung entdeckt hat. Der Atomphysiker weiß, daß, wenn eine kritische Schwelle überschritten ist, ein plötzlicher Umschwung erfolgen und eine brutale Explosion stattfinden kann. Die Gesellschaften des Abendlandes sind von einer solchen kritischen Schwelle nicht mehr allzuweit entfernt; ein Wassertropfen könnte dann schon das Gefäß zum Überlaufen bringen. Es bedarf daher großer Anstrengungen, um eine solche Situation zu vermeiden, denn die Folgen wären verheerend.

In unserer automatisierten Welt wird diese Gefahr noch durch eine nicht mehr zu bewältigende Informationsflut, den Druck alles überwuchernder bürokratischer Strukturen und die Umweltzerstörung vergrößert.

Nur die unvoreingenommene Auseinandersetzung mit unseren Problemen kann konstruktive Lösungsmöglichkeiten aufzeigen. Es ist eine verbreitete Illusion zu glauben, wir müßten nur die wissenschaftliche Forschung einstellen, um aller Probleme ledig zu sein. Würden wir uns von der Wissenschaft abwenden, so bedeutete das nur, daß wir ein Faktum des Evolutionsprozesses leugnen, das ein integraler Bestandteil der universalen Ordnung ist.

Im Gegenteil: Die wissenschaftliche Forschung stellt ständig in Frage, was gestern noch Gewißheiten zu sein schienen, und dient somit dem menschlichen Fortschritt. Der Welt in der gleichen Weise unvoreingenommen und offen gegenüberzustehen wie der Wissenschaftler seinem Forschungsgegenstand kann nur von Nutzen sein; dem können wir nacheifern.

»Wie oben so unten« heißt es auf der Smaragdtafel, deren Offenbarung THOT, dem altägyptischen Gott der Schrift und Wissenschaft, der auch Götterbote und Seelenführer war und den die Griechen später HERMES TRISMEGISTOS, den »dreimal Größten«, nannten, zugeschrieben wird. Warum sollten wir uns diese uralte Weisheit nicht zu eigen machen und danach leben? Was auf der einen Ebene richtig ist, gilt auch auf der andern.

Die ständige Anpassung unseres Verhaltens an die Wirklichkeit des Augenblicks stellt das Gegenteil einer von Passivität geprägten Einstellung dar, die sich bequem auch mit Unwahrheiten abfindet, wenn sie nur häufig genug wiederholt werden. Diese probate Methode der »Überzeugung« dient vielen Verführern zum Zweck, andere Menschen willig zu machen oder um Aggressivität und Haß anzuheizen und somit Konflikte zu schüren.

Das moderne naturwissenschaftliche Denken, das die Grenze zwischen dem Sichtbaren und dem Unsichtbaren, zwischen Physik und Metaphysik, aufhebt, ist Teil eines Einigungsvorgangs. Es zeigt, daß die Trennung der diversen wissenschaftlichen Disziplinen – wie Chemie, Biologie, Soziologie, Psychologie und aller anderen Wissenschaftszweige – nicht mehr zeitgemäß ist. Diese Einsicht – man könnte auch sagen Ein-Sicht – mündet in die Vision einer universalen Verbundenheit nicht nur in den verschiedenen Bereichen menschlichen Wirkens, sondern auch in bezug auf die diversen geistigen und religiösen Traditionen. Die Wahrheit ist die eine, und sie bringt in all ihren vielgestaltigen Ausprägungen in der Erscheinungswelt doch immer nur wieder ihre Einheit zum Ausdruck, die wir erkennen sollten.

Der Begriff der Naturwissenschaft ist heutzutage untrennbar mit der Angst vor Atomwaffen verknüpft. Die Entwicklung dieser Waffentechnik veranschaulicht, wie weit wir Menschen uns von unserer eigentlichen Bestimmung entfernt haben. Zweifellos müßte der schöpferische Genius des Menschen seinem Glück und nicht seiner Macht dienen.

Das wissenschaftliche Verständnis der Gesetze, die unsere Umwelt beherrschen, führt unvermeidlich zu der Entdeckung einer höheren Ordnung, die über allem Bestehenden waltet, so daß der Mensch aufs engste mit dem Universum verbunden ist und nur in ihr und durch sie existiert. Folglich bedeutet die Natur erforschen den Menschen erforschen, sich den Gesetzen der Natur widersetzen sich seinem Selbst widersetzen, die Natur zerstören sich selbst zerstören. Umgekehrt läßt sich mit der gleichen Berechtigung sagen, daß alles, was wir im Einklang mit dem großen kosmischen Plan tun, zur Harmonie beiträgt und daher Freude und Glück bringt.

Die Wissenschaft könnte durchaus zum Ausgangspunkt einer neuen Renaissance werden; es muß uns nur gelingen, uns ihrer Möglichkeiten mit weiser Zurückhaltung zu bedienen und sie dem kosmischen Plan der Evolution zu unterstellen, die alles Bestehende seiner letzten Vollendung entgegenführt.

»Wer die ihm zugemessene Zeit auf Erden nicht verschwendet, ist außer Gefahr«, sagt PYTHAGORAS. »Sein eigenes Licht wird ihm den Weg weisen.«

Unsere Lehrzeit sollte in uns die Fähigkeit erwecken, »den Irrtum zu erkennen und die Wahrheit zu sehen«, damit wir endlich begreifen, daß unsere ganze Existenz von Schönheit durchtränkt wird, wenn ein hochentwickeltes Bewußtsein ihr seinen Adel verleiht, und daß wir durch die Erfahrungen des alltäglichen Lebens zur Entdeckung des »Wesentlichen« gelangen können.

»Wer die Erkenntnis wahrhaft liebt«, präzisiert PLATON, »sucht nach dem Wesentlichen.«

Nur in der Transparenz unseres innersten Seins kann das Wesentliche zum Vorschein kommen. Diese Transparenz herbeizuführen ist das Ziel der letzten Etappe des alchimistischen Wandlungsprozesses, der zu innerer Reife und wahrer Selbstentfaltung führt.

Es geht nicht darum, überlebte Begriffe oder Meinungen durch neue zu ersetzen, es geht vielmehr um eine schrittweise Erweiterung des Gesichtsfeldes, etwa der Situation eines Bergsteigers vergleichbar, dessen Aufstieg ihm jenseits der dunklen Felswände, die ihn zunächst umschließen, ein immer größeres Blickfeld erschließt.

Auf dem Gipfel enthüllt sich ihm das »Grenzenlose«, das im Sonnenlicht erstrahlt, aber nicht nur im Licht unseres Tagesgestirns, sondern im reinen Spiegel des kosmischen Geistes.

KAPITEL 10

Der Widerspruch als Leitmotiv

Um die doppelte Herausforderung zu verstehen, der das Abendland gegenübersteht, müssen wir uns mit ihren Ursachen auseinandersetzen. Dabei wollen wir uns jeglicher Verurteilung oder Rechtfertigung enthalten, da wir ausschließlich die Wurzeln jener Gefahren freilegen wollen, die, wenn wir sie nicht wenigstens entschärfen, durchaus einen weltweiten Konflikt auslösen können.

Wir müssen daher eine unparteiische, leidenschafts- und emotionslose Haltung einnehmen und jedes falschverstandene Engagement vermeiden. Ebenso müssen wir uns aller Meinungen und intellektueller Begriffe entledigen, die auf nur oberflächlicher Beobachtung und auf Annahmen beruhen, die wir ungefragt akzeptiert haben, ohne uns die Mühe gemacht zu haben, sie auf ihre Richtigkeit hin zu überprüfen.

Nur in einem Zustand geistiger Wachheit und Offenheit können wir die Welt so sehen, wie sie ist; nur wenn wir uns von überlebten Begriffen freigemacht haben, können wir vorurteilslos verstehen. Eine solche, von keiner Voreingenommenheit getrübte Bewußtheit zieht auch automatisch den Gebrauch einer klaren und genauen Sprache nach sich, die frei ist von Verzerrungen und sich den sich ständig wandelnden Umständen anpaßt.

Erst dann besteht die Möglichkeit, daß wir jenseits familiärer oder nationaler Bedingtheiten und jenseits aller zeitgebundenen Begriffe, die unsere Wahrnehmung beschränken, die sichtbaren und unsichtbaren Beziehungen entdecken und mit klarem Blick erkennen, in welchem Zustand sich die Welt gegenwärtig befindet und welcher Mittel es bedarf, um die anstehenden Probleme im Einklang mit der höheren Ordnung der Dinge zu lösen.

Alles, was dieser Ordnung nicht entspricht, führt zu Verwirrung und Chaos. Erinnern wir uns, daß die Verschwendungssucht der reichen Länder, der Raubbau an unwiederbringlich verlorenen Bodenschätzen, die Umweltverschmutzung, die Bevölkerungsexplosion, der in weiten Teilen der Erde grassierende Hunger sowie regionale kriegerische Konflikte »nur« Begleiterscheinungen der Krise sind, aber zweifellos die allgemeine Verwirrung vergrößern.

Die postulierte innere Wandlung des Menschen ist von höchster Dringlichkeit, damit die Wissenschaft die ihr angemessenen Aufgaben wiederentdecken kann und wir alle für die anstehenden Probleme Lösungsmöglichkeiten entwickeln können, die eine wirkliche Alternative zu den altbekannten und so erfolglosen »Therapien« der Vergangenheit darstellen.

Die Revolte einer Jugend, die sich von einer Gesellschaft abwendet, der sie zugleich angehört, ist ein eindeutiges Symptom eines Wandels, der sich jedoch noch in seinem Anfangsstadium befindet. Auch wenn bestimmte extreme Gruppierungen der Jugendbewegung sich zu Exzessen haben hinreißen lassen, so könnte es dennoch von Nutzen sein, die Motive dieser jungen Menschen einmal unter die Lupe zu nehmen und die möglicherweise brauchbaren Ideen zu entdecken, für die diese Jugend eintritt.

Ein typisches Kennzeichen der protestierenden Jugend, die im ganzen doch nur eine Minderheit darstellt, ist deren Verachtung für Erfolg und Geld. Diese Geringschätzung ist allerdings zweideutig. Auf der einen Seite stellt die Arbeit für viele junge Leute offensichtlich keinen Wert mehr dar, nachdem sie den Erfolg angeblich verachten, andererseits versprechen sie, daß sie alles kurz und klein schlagen werden, um die verdorbene Welt der Erwachsenen zu säubern und eine neue Gesellschaft arbeitsamer und ehrlicher Menschen zu begründen.

Auf diese Weise wird der Widerspruch zum Leitmotiv. Die einen möchten den Verfall auf die Ebene der Kunst erheben und schaffen zu diesem Zweck eine Gegenkultur. Die andern schließen sich terroristischen Organisationen an und sind bereit, für ein als erhaben verkanntes Ideal zu sterben. Die Notwendigkeit, persönliche Bedürfnisse zu befriedigen, rechtfertigt Diebstahl, Einbruch und Überfall, obwohl die Betreffenden solche Bedürfnisse angeblich nicht haben.

Wieder andere lehnen sich trotzig gegen die herrschende Ordnung auf, weil sie in ihr vergeblich nach menschlicher Wärme und einem existentiellen Sinn suchen. Die Kameradie der Komplizenschaft steht hoch im Kurs und tritt an die Stelle zerbrochener Familienbande. Als Ersatz für die Familie bilden sich kurzlebige Gruppierungen, die ein gemeinsames Interesse verfolgen.

Um der Langeweile zu entkommen, greifen manche zu Drogen – oder um wie die andern zu sein oder um der geheimen Furcht zu entgehen, die dem Zweifel an Sinn und Nutzen der Existenz des Menschen entspringt.

Tatsächlich durchlebt unsere Gesellschaft augenblicklich eine Bewußtseinskrise, deren Ursache auf die Infragestellung bisher unantastbarer Wertvorstellungen, aber auch umstrittener Prinzipien unserer einseitig auf Rationalität und Rentabilität ausgerichteten Gesellschaft zurückzuführen ist.

Obwohl Soziologen und Pädagogen sich eingehend mit den Problemen der Jugend beschäftigt haben, kann von Lösungen bisher kaum die Rede sein. Solche zu finden wäre wichtiger denn je. Denn noch nie waren die Möglichkeiten der Selbstzerstörung so groß wie heute. Auch hat menschliche Verderbtheit noch nie derart gravierende Folgen gehabt wie in unserer Zeit.

Um unserer Berufung gerecht zu werden, müssen wir Menschen des Abendlandes erst einmal in uns gehen, um unseren von so vielen offenkundigen Widersprüchen verhüllten Wesenskern wiederzuentdecken. Solche Selbstbesinnung führt jedoch zu nichts, wenn wir uns nicht zugleich darum bemühen, die tiefliegenden Ursachen der Rebellion der Jugend und auch so mancher nicht mehr ganz jugendlicher Menschen gegen eine Gesellschaft, der sie doch angehören, richtig zu verstehen.

Der Traum von einem goldenen Zeitalter ist dafür keine hinreichende Erklärung. Sehen wir uns also die Tatsachen an.

Unsere Gesellschaften befinden sich in einem allenthalben zutage tretenden pathologischen Zustand und weisen alle Symptome einer tiefen neurotischen Störung auf. Der Konsum an Schlafmitteln und Psychopharmaka, überhaupt von chemischen Präparaten, spricht eine überdeutliche Sprache; auch bestimmte Ereignisse der Zeitgeschichte deuten auf zunehmende Barbarei, auswuchernden Sadismus und auf eine völlige Entwertung des menschlichen Lebens hin.

Die Menschheit hat anscheinend nichts mehr im Sinn als ihre Selbsterniedrigung. Da die Erfahrung zeigt, daß sich besonders schwerwiegende Krankheitsursachen nicht selten an unscheinbaren Symptomen erkennen lassen, werden wir uns nicht damit zufriedengeben, nur gängige Standarderklärungen zu wiederholen. »Denn eben wo Begriffe fehlen, da stellt ein Wort zur rechten Zeit sich ein«, wie JOHANN WOLFGANG VON GOETHE sich ausdrückt. Genau diese Selbsttäuschung wollen wir vermeiden!

Die uns beschäftigenden Fragen sind zu wichtig, als daß wir uns der Oberflächlichkeit schuldig machen dürften. Auch wenn die Wirkungen vielleicht bekannt sein mögen, so sind doch die Ursachen besonders schwer auszumachen, da es durchaus Ursachen gibt, die eigentlich selbst schon wieder eine Wirkung sind und zuvor der Beobachtung entgangen beziehungsweise fehlinterpretiert worden sind.

Ohne lange dabei zu verweilen, wollen wir uns dennoch kurz die Argumente jener ansehen, die immer schnell mit einer Erklärung zur Hand sind. Dabei wird uns auffallen, daß sie auf der Basis gleicher Argumente zu diametral entgegengesetzten Schlußfolgerungen gelangen, die sie jeweils für unwiderleglich halten.

Solche Schlußfolgerungen sind beispielsweise:

○ Unsere Gesellschaft muß bis auf die Grundmauern niedergerissen werden, nachdem sie in ihrer Struktur veraltet ist.
○ Unsere auf Produktivität und Konsum basierende Gesellschaft ist absurd und muß abgeschafft werden.
○ Jeglicher Profit sollte verboten werden.
○ Wir müssen zur Natur zurückkehren, zum Pferdewagen, zur Öllampe.

Halten wir fest: In solchen Slogans ist wenig vom Menschen selbst die Rede – davon, was er seinem Wesen nach ist, warum er auf der Erde ist und woher er kommt und wohin er geht.

Auf der anderen Seite macht der Mensch, der sich gemeinhin selbst kaum kennt, von vielen intellektuell attraktiv erscheinenden, völlig abstrakten und lebensfernen Lösungsvorschlägen großes Aufheben, obwohl diese seiner eigenen Sehnsucht nicht entsprechen.

Zivilisation, die dem Begriff nach kulturinhärent sein muß, bezieht sich, wie schon gesagt, nicht nur auf technische Hochleistungen und wirtschaftlichen Reichtum, sondern sie bezeichnet auch einen Humanismus, der die Entfaltung und Integrität des ganzen Menschen zum Ziel hat. Wenn das Attribut »zivilisiert« tatsächlich den Menschen in seinem gesamten Selbstausdruck bezeichnet, dann kann von der Zivilisation nur gesagt werden: Es gibt sie. Oder: Es gibt sie nicht. Aber dann ist es sinnlos, von einer »Krise der Zivilisation« zu sprechen, wie das heute so viele tun.

Der Begriff der Zivilisation bezeichnet nicht mehr und nicht weniger als die Summe der zivilisierten Menschen. Zivilisiert ist ein Mensch, der sich aus freiem Antrieb in jeder Situation, in jedem Augenblick, ohne gesetzlichen Zwang an jedem Ort, an den das Schicksal ihn stellt, anständig, das heißt menschlich, verhält. Er ist aufgrund seiner seelischen und geistigen Qualitäten ein Gleicher unter Gleichen des Herzens und des Geistes, und seine Qualitäten finden Ausdruck, indem er seine Pflicht im vollen Bewußtsein seiner menschlichen Würde erfüllt.

Ob er nun geistig oder körperlich arbeitet, ob er sich als Intellektueller oder als Arbeiter bewährt, ob er in Reichtum oder in Armut lebt, charakteristisch für ihn ist, daß er »ist« und ein Mensch ist.

Gibt es in der Wirklichkeit überhaupt einen solchen Menschen?

Um wahrhaft zu »sein«, muß der »alte Mensch« – wie alt er auch immer sei – den Mut aufbringen, falsche Überzeugungen, schlechte Angewohnheiten und entwürdigende Laster aufzugeben.

Ob alt oder jung, wir alle haben Vorurteile, von denen wir uns befreien sollten. RENÉ DESCARTES bemerkte scharfsinnig, daß es dem Menschen leichterfalle, sein eigenes Haus niederzubrennen als auf seine Vorurteile zu verzichten.

Jede Voreingenommenheit beschränkt den gesunden Menschenverstand, den ein noch so umfassendes Wissen nicht ersetzen kann. Im Gegenteil: Häufig verfinstert schlecht verarbeitetes Wissen den gesunden Menschenverstand. In Frankreich ist zwar jedermann erklärter Kartesianer, die meisten haben aber nicht begriffen, daß diese Gefolgschaft von jedem Menschen verlangt, seinen Geist so gründlich wie möglich von allem zu befreien, was nicht vor der Vernunft uneingeschränkt Bestand hat.

Uns muß es darum gehen, das authentische menschliche Bewußtsein jenseits der anerzogenen konventionellen Denk- und Verhaltensgewohnheiten zu erwecken. Nicht selten unterliegt ein jüngerer Mensch solchen Konditionierungen in stärkerem Maße als ein älterer, da der ältere im Laufe seines Lebens viele Irrtümer hat einsehen müssen. Grundsätzlich gilt jedoch, daß eine gewisse seelische Trägheit die Entwicklung jener Wachheit verhindert, die eine unabdingbare Voraussetzung jeglicher geistigen Freiheit ist.

Seelisch-geistige Trägheit widerspricht den ureigenen Entwicklungsgesetzen des Lebens selbst. Wir baden niemals zweimal in demselben Fluß, oder wie HERAKLIT sagt: »Alles fließt.«

Dennoch erkennt der erwachte Mensch in seinen Mitmenschen seinesgleichen. Dieses Erwachen erfordert die Wiedererweckung grundlegender Werte und die Anerkennung ihrer Rangordnung oder Hierarchie. Die griechische Wurzel des Wortes Hierarchie ist *hieros*, das heißt »heilig«.

Wer da glaubt, es gelte neue Werte zu schaffen, ist im Irrtum; wahre Werte sind ihrem Wesen nach von der Zeit unabhängig und von allgemeingültiger, universeller Geltung. Dennoch kommen sie unter den sich verändernden historischen Bedingungen unterschiedlich zum Ausdruck.

Eine Wertehierarchie läßt sich durch eine Pyramide symbolisieren. Dieses Sinnbild lädt den Berufenen ein, in diesem gleichsam kosmobiologischen Bauwerk die Geheimnisse des Lebens zu entdecken und den Aufstieg in der Pyramide zu wagen. Dieser Aufstieg vollzieht sich, von der quadratischen Basis des Bauwerks ausgehend, bis hinauf zur Spitze, dem Omegapunkt, der das Vollkommene versinnbildlicht. Er veranschaulicht den Weg aus der Begrenztheit unseres Daseins in die grenzenlose transzendente Freiheit des Lebens selbst.

Nachdem wir uns die Bedeutung dieses Symbols klargemacht haben, wollen wir uns nun wieder der Frage nach der bereits erwähnten Hierarchie der wahren Werte zuwenden und diese zu einer vollständigen – das heißt mit einer Spitze versehenen und nicht oben abgeschnittenen – Pyramide in Beziehung setzen. Sind wir nicht heutzutage ständig damit beschäftigt, gerade das Höchste zu zerstören, die Spitze der Pyramide gleichsam zu köpfen? Bedenken wir, daß wir den Wert des Menschen physisch, psychisch und geistig auf allen Ebenen der Pyramide hochhalten sollten und nur so die

Kräfte der Menschheit zu voller Entfaltung bringen können?

Da ständig die Rede von der dringenden Notwendigkeit neuer gesellschaftlicher Strukturen und größerer sozialer Gerechtigkeit ist – eine durchaus berechtigte Forderung –, sollten wir uns doch einmal Gedanken machen, was mit solchen Postulaten erreicht werden soll, erreicht werden kann.

Wie der menschliche Organismus aus unzähligen Zellen besteht, die seine Form und Konsistenz gewährleisten, so hat auch eine Gesellschaft ihre »Zellstruktur«: Diese setzt sich aus den von den sittlichen und rechtlichen Normen geprägten Eigenschaften und Lebensgewohnheiten der in ihr lebenden Menschen zusammen. Wenn wir die Gesellschaft wegen ihrer vielen Mängel verändern wollen, müssen wir zunächst einmal begreifen, daß es notwendig ist, den Menschen in seiner Bestimmung und Würde zu sehen. Um seine Entwicklung zu fördern, bedarf es flexibler gesellschaftlicher Strukturen. Wir müssen daher vor allem von unseren verhärteten Denk- und Verhaltensgewohnheiten abrücken.

Viele Menschen ziehen es jedoch vor, im Gefängnis erstarrter Gewohnheiten zu leben, da ihnen der Mut zu ständiger Veränderung fehlt – die allerdings die Überwindung des der menschlichen Natur so tief verwurzelten Trägheitsprinzips voraussetzt. Die gleichen Menschen, die sich so gern als Ideenträger einer vollkommenen Zivilisation einer idealen Gesellschaft sehen, werden aber von Ehrgeiz, Egoismus und Neid zerfressen. Sind wir jedoch fähig, etwas anderes zu schaffen als eine Projektion dessen, was wir sind oder sein werden? Und sind wir bereit, uns in aller Einfachheit unsere innere Widersprüchlichkeit einzugestehen?

Wir stellen uns gegen die vorherrschenden Prinzipien der Produktivität und des Konsums, aber auf die Vorteile und Annehmlichkeiten, die Technik und Wirtschaft uns bieten, wollen wir nicht verzichten. Es ist klar: Wir nehmen alle unsere Rechte in Anspruch, akzeptieren jedoch nicht, daß unsere Ansprüche durch die Anerkennung unserer Verpflichtungen ausgeglichen werden müssen.

Je mehr Rechte wir für uns in Anspruch nehmen, desto mehr müßten wir uns auch bereitfinden, die entsprechenden Pflichten zu übernehmen. Rechte existieren nur dort, wo auch Pflichten akzeptiert und erfüllt werden. Aber wenn wir die Erfüllung unserer Pflichten als eine reine Last ansehen, so sollten wir immerhin ehrlich genug sein zuzugeben, daß der Grund dafür in der Tatsache zu suchen ist, daß wir immer noch größere Ansprüche stellen.

Je unersättlicher wir sind, desto größer werden unsere Ansprüche, desto mehr versklaven wir uns und desto größer ist der Tribut an Leid, den wir zu entrichten haben, weil wir allein für die Unzulänglichkeit der Welt verantwortlich sind, über die wir uns ständig beklagen.

Wir klagen unsere Regierungen an, weil sie unfähig sind, unsere Schwierigkeiten zu beseitigen. Wir schieben ihnen die Verantwortung für die fast ständig irgendwo ausbrechenden Kriege und Unruhen zu. Wir denken über diese Konflikte nach und suchen nach Lösungen, aber da wir uns letztlich selbst nicht diesen Lösungsvorschlägen gemäß verhalten, fällt die ganze Verantwortung auf uns zurück.

Wenn es also heißt, ein jeder solle aktiv an einer harmonischen Entwicklung der Gesellschaft mitwirken, dann bedeutet das zuallererst, daß jeder dort, wo er sich gerade befindet, seine Verantwortung annimmt. Jeder von uns – und zwar ohne Ausnahme – ist für sein Handeln und für die Er-

füllung seines ganz persönlichen Auftrags in der Welt
genau dort verantwortlich, wohin das Schicksal ihn gestellt
hat.

Sich der eigenen Verantwortung bewußt zu sein heißt,
sich seiner menschlichen Eigenschaften und Würde bewußt
zu sein und stolz an unserer gemeinsamen menschlichen
Aufgabe mitzuwirken und Ansprüche erst dann anzumel-
den, wenn man die eigenen Pflichten erfüllt hat.

Solche Überlegungen bringen uns auf das Problem der Jugend zurück, die häufig vergißt, daß auch Jugend vergäng-
lich ist.

Bei den Griechen war das männliche Kind bis zum Alter
von sieben Jahren der Pflege der Mutter anvertraut. Danach übernahm der Vater die Verantwortung und lehrte
den Knaben alles, was diesem von Nutzen sein konnte,
zum Beispiel den Pflug zu führen und Pferde zu lenken. Er
lehrte ihn, in allen Dingen das rechte Maß zu wahren, damit er dereinst mit den Menschen und Göttern in Harmonie
leben könne.

In der Blütezeit des Rittertums führte der Vater den Sohn
in den Kampf ein. Er lehrte ihn alles, was dem Jüngling
später von Nutzen sein konnte und was mit den Rideidea-
len im Einklang stand. Erst wenn der Sohn seine Tapferkeit
unter Beweis gestellt hatte, wurde er zum Ritter geschlagen.
Auf diese Weise wurde die Tradition vom Vater auf den
Sohn übermittelt, und der junge Ritter lernte die Bedeutung
seiner Würde und Aufgabe richtig einzuschätzen.

Es ist selbstverständlich, daß dieses Idealbild nicht die
Wirklichkeit der damaligen Zeit widerspiegelt. Es vermittelt jedoch einen Eindruck von einem Streben, das auch
heute bitter notwendig wäre. Heute trennt ein tiefer Graben

die Generationen. Das Band zwischen ihnen ist zwar nicht zerrissen, weil es niemals reißen kann, aber es ist übermäßigen Belastungen ausgesetzt.

Die Verantwortung dafür trägt zunächst einmal die ältere Generation. Die Eltern vernachlässigen aus Bequemlichkeit ihre Pflichten gegenüber ihren Kindern. Die Mütter arbeiten außerhalb des Hauses, die Väter wollen ihre Ruhe haben. Die Ehepaare gehen schon bei geringfügigen Anlässen auseinander und überlassen nach der Scheidung ihre Kinder deren eigenen Launen.

Ist es nicht beunruhigend, daß Jugendliche unter fünfzehn Jahren durchschnittlich genausoviel Zeit vor dem Fernseher verbringen wie in der Schule? Die Forderung nach besseren Programmen nützt gar nichts. Die flimmernden Bilder genügen, die Zeit totzuschlagen, und das ist das eigentliche Problem.

Hinzu kommt die kommerzielle Ausbeutung der Jugendlichen, deren Kaufkraft die Wirtschaft entdeckt hat, durch eine Werbung, die sie zu dem Glauben verleitet, sie seien eine Klasse für sich. So gelangen die jungen Menschen, noch bevor sie die Reife der Einsicht erlangt haben, zu der Überzeugung, sie lebten in einer eigenen Welt, in der ältere Menschen nicht zugelassen sind, und leben völlig entwurzelt dahin. Sie sind taub für alles, was ihnen die Eltern oder andere Familienmitglieder sagen könnten.

Den Sinn der Worte der Marquise de Sévigné verstehen sie nicht mehr: »Wenn die Menschen mit zwei Augen, zwei Ohren und nur einer Zunge geboren werden, so liegt der Grund darin, daß sie doppelt so lange zuhören und aufmerksam beobachten sollten wie reden.« Doch sie hören nicht zu, und sie sehen nicht hin; sie diskutieren aber gern, bis ihnen der Atem ausgeht. Sie halten ihre Palaver ab, worunter wir mit jedem Wörterbuch langes und unnützes Reden verstehen müssen.

Die verantwortlichen Pädagogen vergessen ohnmächtig ihre eigentliche Bestimmung als Lehrer und Erzieher. So ist das Unvermeidliche eingetreten. An die Stelle einer vernunftgesteuerten, organischen Überführung der Jugend in die Erwachsenenwelt ist eine ungeordnete, nicht selten von außen gesteuerte Revolte getreten. Das geistig-seelische Band, die Verbundenheit des Herzens und des Geistes zwischen den Generationen ist aufs äußerste strapaziert, obwohl doch die eine der anderen entsprang.

Wenn die Kultur des Abendlandes die Tradition, deren Hüterin sie ist, wirklich weitervermitteln will, so müssen wir die Flamme der Grundwerte wiedererwecken und ihnen neuen Glanz verleihen, ohne deren Respektierung wir gegen die elementaren Gesetze des Lebens verstoßen. Die Flamme muß uns Symbol der durch die Tradition vermittelten Quintessenz unserer menschlichen Erfahrung sein, und diese sollte daher die Grundlage sein, von der aus alles, was ist, sich fortgestaltet zu dem, was sein wird.

Diese Quintessenz ist das zeitlos Gültige in seiner reinsten und subtilsten Form, wie es sich in der Tradition durch die Zeiten hindurch zeigt. Wenn dieses zeitlos Gültige nicht in seinem Gehalt entstellt und jenseits seiner jeweiligen historischen Ausprägung richtig verstanden wird, so führt es uns zu der Entdeckung einer ewig gültigen Weisheit, die uns unfehlbar auf den rechten Weg weist.

Für all die Menschen, die dieser Weisheit innesind, gibt es keine zerrissenen Bande mehr. Statt dessen entwickelt sich in ihnen eine sehr starke Bindung des Herzens und des Geistes zu ihren Mitmenschen, die ein hohes Verantwortungsgefühl wachruft, das keines äußeren Zwangs bedarf.

Wenn wir alle unser Bestes für das Gemeinwohl tun wollen, so muß ein jeder von uns seinen Beitrag ehrlich leisten und das erfüllen, was ihm als Aufgabe zugedacht ist. Die Aufgaben ergeben sich aus dem Zusammenwirken aller Menschen zwar von gleichen Rechten, aber von unterschiedlichen Möglichkeiten, die den individuellen Fähigkeiten jedes einzelnen von uns erwachsen.

Es gibt keine wahre Verantwortung ohne Selbsterkenntnis. Nur aufgrund einer kritischen Selbstprüfung kann ein Individuum sich überhaupt für berechtigt halten, wo auch immer eine führende Rolle zu spielen. Sie muß sich in der Annahme einer Verantwortung rechtfertigen, die nicht nur dem Können entspricht, sondern auch dem Bewußtsein, dieses Können richtig einzusetzen. Ohne diese Verantwortung gibt es keine bevorzugte Stellung. Das von der Natur bevorzugte Abendland sollte daher seiner Bestimmung entsprechend seine Verantwortung annehmen und alles ablehnen, was diese mindert.

KAPITEL 11

Der Wandel des traditionellen Weltbildes

Auf allen Gebieten triumphierend schreitet die Wissenschaft voran und löst durch ihren Fortschritt immer neue Probleme aus, die zwangsläufig auch immer neue Lösungen erheischen. Unentwegt wächst unser Wissen; aber weit davon entfernt, das Verständnis für das Gesamte zu vertiefen, erschüttern die Errungenschaften der Wissenschaft auch noch das scheinbar Feststehende und vergrößern somit die beinahe unüberschaubare Komplexität unserer Welt.

Wir spezialisieren und organisieren uns allenthalben und versuchen, in die tiefsten Geheimnisse des Universums einzudringen. Unermüdlich zerlegen wir die vielfältigen Facetten unserer unzähligen Entdeckungen und übersehen dabei, daß jegliches Einzelne sich einem übergeordneten Ganzen einzufügen hat.

So stehen Ideen einander gegenüber, Meinungen prallen aufeinander, und Wörter und Worte verlieren ihren Sinn, weil sie bald dies, bald jenes bezeichnen.

Die Wissenschaft vermittelt uns eine neue Sicht der Natur, die uns – wie wir glauben – jeglicher Bezugnahme auf traditionelle Werte enthebt. Infolgedessen verändert sich auch unser Verhalten. Die wissenschaftliche Revolution trägt entscheidend zu diesem Wandel bei, denn die ganze Welt ist infolge der von den Medien gewährleisteten Informationsflut Zeuge eines jeden wissenschaftlichen Fortschritts.

Die erwähnte Informationsflut bringt wissenschaftliche Entdeckungen häufig in nur sehr oberflächlichen und stark vereinfachenden Veröffentlichungen unter die Leute. Im Gegensatz zu der Grundforderung jeder seriösen Wissenschaft, daß es die Phänomene der Erscheinungswelt unvoreingenommen zu erforschen gilt, ohne deren Sinn oder Folgen zu erläutern, verleitet die von den Medien kolportierte Pseudowissenschaft die schlecht informierten Massen zu dem Trugschluß, daß wir entweder am Rande eines schrecklichen Abgrundes stehen oder, umgekehrt, daß wir allmächtig seien.

Die Wissenschaft verfügt zwar zu jeder gegebenen Zeit über die Summe menschlichen Wissens, aber den Schlüssel zu einem Verständnis unserer menschlichen Situation kann sie uns nicht geben. Dieses Verständnis leitet sich aus einer höheren Ordnung her und setzt die Anerkennung gewisser Grundwerte voraus, die in ihren vielfältigen Aspekten im Handeln des einzelnen und ganzer Gesellschaften Ausdruck finden.

Der von Machtgier vorangepeitschte Mensch nimmt sich nicht die Zeit, zu einem Verständnis der Zusammenhänge zu gelangen. Dabei sollte jene höhere Ordnung auf allen Ebenen unseres Verhaltens zum Vorschein kommen. Verwirrung und Panik zu verbreiten ist fruchtlos, wenn nicht gar zerstörend. Da aber die Informationsflut ständig zunimmt, wächst auch der Einfluß der von den Medien verbreiteten Unsicherheit.

Die Wissenschaft eröffnet dem Menschen den Zugang zu einer bisher nie dagewesenen Machtfülle; sie kann sich jedoch nur weiterentwickeln, wenn diejenigen, die ihr Voranschreiten gewährleisten, unbegrenzt über die vorhandenen Informationen verfügen. Daher gewinnt die Wissenschaft der Informationsgewinnung über elektronische Datenverarbeitung und deren Anwendung, die Informatik, zunehmend an Bedeutung. Informatik – Stütze einer im Werden begriffenen Welt – erscheint uns heute in ihrer Allgegenwärtigkeit geradezu lebensnotwendig; so nützlich sie indessen auch sein mag, ist sie dennoch keineswegs ein Selbstzweck. Da wir uns dieser offensichtlichen Tatsache aber nicht bewußt sind, haben wir Menschen des zwanzigsten Jahrhunderts die Informatik zu unserem neuen Gott gemacht. Gigantische Maschinen werden mit Informationen gefüttert, verarbeiten sie und speien die über Druckknöpfe gewünschten Resultate aus. Sie »denken« anstelle des Menschen mit der Logik vorher eingespeicherter Programme und liefern Datenmaterial, auf dessen Grundlage weitreichende Entscheidungen getroffen werden.

Computer berechnen im voraus den Ausgang von Schlachten und entscheiden über Maßnahmen, von denen Krieg und Frieden abhängen. Das ist dieser neuen Errungenschaft gefährliche Kehrseite der Medaille, die man verstehen muß, denn sie birgt zahlreiche Möglichkeiten des Mißbrauchs und große Gefahren in sich. Unsere Computergläubigkeit verführt uns dazu, uns unseres freien Willens zu begeben und uns den Entscheidungen von Robotern zu beugen, die über unser Schicksal bestimmen.

Hinsichtlich ihrer Reaktion auf bestimmte Signale sind Mensch und Maschine sich nicht unähnlich. Beide reagieren auf solche Anstöße in einer vorhersagbaren Weise. Die Ausnutzung derartiger Konditionierungen ist heute schon allgemein üblich. Das rückt die Verantwortung der Machthaber über solche Medien ins richtige Licht.

Ein typischer Zug unserer Zeit ist die durch Werbung bewirkte Verführung, uns einen automatischen Kaufreflex einimpfen zu wollen. Nach dem gleichen Suggestionsprinzip lassen sich mittels der einfachen Wiederholung aufpeitschender Schlagworte, zumeist billiger Slogans, riesige Menschenmassen mobilisieren. Diese suggestiven Techniken schalten das kritische Denkvermögen aus und führen zu einem statistisch vorhersehbaren Verhalten.

Auch ein zunächst schwaches Signal kann in seiner Konsequenz – wie in einer Kettenreaktion – eine Serie sich verstärkender Effekte auslösen. Auf diese Weise werden beispielsweise Millionen Kilometer von der Erde entfernte Raumsonden elektronisch gesteuert; das gleiche Prinzip ist jedoch auch am Werk, wenn ständig wiederholte Schlagworte schließlich eine Massenhysterie auslösen.

Wenn wir uns daher der Wirkung »ferngesteuerter« Impulse entziehen wollen, ist es vor allem wichtig, daß wir uns jeder Reaktion enthalten, die solcher psychologischer Beeinflussung entspricht. Nur auf diese Weise können wir einem statistisch vorausberechenbaren Verhalten entgehen. Trotzdem stellt sich die Frage: Können wir in der ins Unermeßliche wachsenden Komplexität unseres Daseins noch wirklich in voller Freiheit handeln und unser Handeln den aus einer freien Wahl hervorgehenden Kriterien der Vernunft unterwerfen? Oder sind wir etwa in dieser Hinsicht überfordert in einer Welt, der wir in ihrer Vielschichtigkeit nicht mehr gewachsen sind?

Um auf diese Frage eine Antwort zu erhalten, müssen wir die Möglichkeiten erkennen, die unseren menschlichen Fähigkeiten entsprechen, und diese den gigantischen Errungenschaften gegenüberstellen, die uns forschende Neugier beschert hat. Unser Gehirn konstruiert die Wirklichkeit in hohem Maße auf der Basis von Sinnesdaten. Die Problemlösungen, die es jeweils anbietet, ermöglichen es uns, unser Dasein zu organisieren.

Müssen wir aus dem verheerenden Zustand der gegenwärtigen Welt also schlußfolgern, daß unsere Sinne nur höchst unvollständig arbeiten? Ganz gewiß nicht! Vielmehr interpretieren wir unsere Sinneseindrücke falsch, indem wir in ihnen einen präzisen und gültigen Ausdruck der Wirklichkeit sehen und nicht nur Aspekte dieser Wirklichkeit. Darüber hinaus sind auch diese Aspekte noch einem ständigen Wandel unterworfen – was zugegebenermaßen unsere Suche nach der Wahrheit nicht gerade erleichtert.

Nur die Einsichten, die uns einerseits aufgrund unserer außersinnlichen, also vor allem unserer intuitiven und inspirativen Wahrnehmungsfähigkeit, und andererseits im Licht der Vernunft zuteil werden, können uns den Weg weisen. Dies ist der tiefe Sinn dessen, was (in Kapitel 4 dieses Buches) bereits als Kriterium der geistigen Alchimie beschrieben wurde. Sie versteht sich als Wissenschaft der Wandlungen. Aus ihren Erkenntnissen soll der »neue« Mensch hervorgehen, der als Träger einer Zivilisation gelten kann, die mit dem Fortschritt der Wissenschaft Schritt hält und in der diese und die notwendige Spiritualität sich gegenseitig durchdringen. Wenn wir unsere spirituellen Anliegen weiterhin unterdrücken, besteht die Gefahr, daß wir schwerwiegenden Irrtümern verfallen.

Eine solche Zivilisation sollte uns im übrigen instand setzen, der ungeheuren Energien der Natur Herr zu werden, über die wir verfügen; gegenteiligenfalls könnten diese einer unvorbereiteten, von Angst, Habgier und Machtstreben verblendeten Menschheit zum Verhängnis werden. Um eine solche Zivilisation zu schaffen, müssen wir den Fortschrittsgeist der Wissenschaft auf der Grundlage der unveränderlichen ewigen Weisheit, die uns die Menschheitsgeschichte eingibt, weiterentwickeln.

Der vernünftige, weise Mensch wird sich durch die Vielgestaltigkeit der Erscheinungswelt und den falschen Glanz illusorischer Vorstellungen nicht mehr beirren lassen und seine Gedanken beherrschen, anstatt von diesen beherrscht zu werden; er wird alles, was physisch und psychisch verbindet, fördern und sich durch Großmütigkeit und Toleranz auszeichnen.

Eine tiefgreifende Umwertung aller Werte wird die zwangsläufige Folge einer Entwicklung sein, die ein neues Zeitalter einleitet.

Inzwischen überschlagen sich die Ereignisse. Die Achsen laufen heiß, die Bremsen versagen; ein Zusammenprall scheint unvermeidlich zu sein. Von seiner scheinbar grenzenlosen Macht verblendet, greift der Mensch jetzt nach den Sternen. Aber er will sie für sich allein. Wehe dem Nachbarn, der etwa ähnliche Ambitionen hätte! Fieberhaft werden alle Aspekte des Daseins organisiert, von der Eroberung des Weltraumes bis hin zum Straßenverkehr. Aber nichts wird in Ordnung gebracht. Man kann noch so viele Ampeln installieren, schon ein Platzregen macht all diese Vorkehrungen zunichte und bringt die Autofahrer zur Verzweiflung. Wenn wir unsere Lebensverhältnisse in Ordnung bringen und Auswüchse abstellen wollen, müssen wir wieder ganz von vorne beginnen.

Wir wollen angenehm leben, ohne darüber nachzudenken, wozu wir auf der Welt sind. Wir halten uns für klug, weil wir viel zu wissen meinen. Wir behaupten, die ideale Gesellschaft aufzubauen, und schaffen doch die Verwirrung nicht weg. Da es keine höheren Ordnungsprinzipien gibt, erweisen sich alle Organisationen letztlich als machtlos. Wirkliches Wohlbefinden ist unter solchen Umständen nicht möglich, auch Wohlstand nicht, und Unzufriedenheit macht sich breit. Wir ertrinken in einer Informationsflut, vervielfältigt noch durch die Informatik. Maschinen durchziehen den Himmel, künstliche Satelliten umkreisen die Erde, bis hin zu den Spionen der Kriminalromane geht es um die Gewinnung von Information und damit Macht.

Und was sind die Folgen von alledem? Nichts, was sonderlich überzeugte. Die Krisenherde auf unserem Globus bleiben Krisenherde, die Zahl der Konflikte nimmt zu, und der Graben zwischen den reichen Industrienationen und den von Armut und Hunger geschlagenen Völkern der dritten Welt wird immer tiefer.

Gibt es ein Entkommen aus diesem Teufelskreis? Lassen sich die Ergebnisse der rasant expandierenden Wissenschaften zum Wohl der Menschheit verwerten? Die Möglichkeit besteht! Allerdings müssen wir der Wissenschaft die ihr zukommende Rolle zuweisen: sie muß dem Wohl aller Menschen und der Förderung zwischenmenschlichen Verständnisses dienen. Sachliche Information ist daher unerläßlich.

Der durch Worte vermittelte Sinn ist der Schlüssel zu jeglichem Verstehen, aber auch zum Verständnis der Menschen untereinander. Wir vergessen häufig, daß wir uns in einem Turm zu Babel befinden – nicht allein weil Sprachbarrieren die Völker voneinander trennen, sondern vor allem weil einem Wort unterschiedliche Bedeutungen beigelegt werden können; Sprecher und Zuhörer meinen nicht das gleiche, sie verknüpfen mit dem Wort unterschiedliche Vorstellungen.

Die Wissenschaft beschäftigt sich zunehmend mit der Erforschung der Funktionsweise des menschlichen Gehirns. In den Vereinigten Staaten von Amerika wurden an Makaken (meerkatzenartige Rhesusaffen, die in Asien verbreitet sind) Experimente durchgeführt, die in mehr als nur einer Hinsicht aufschlußreich sind. Es zeigte sich, daß das Gehirn der Affen, das genau wie unser menschliches Gehirn aus zwei Hemisphären besteht, das Bild eines weißen Kreises in die Vorstellung von Nahrung umsetzt, wenn man den Sehnerv mit einer der beiden Hemisphären verbindet; wenn er hingegen mit der anderen Gehirnhälfte verbunden wird, so entsteht die Empfindung einer Gefahr.

Wenn man also zwei Versuchstiere hernimmt und dem einen die zur rechten Hemisphäre verlaufenden und dem anderen die zur linken Gehirnhälfte führenden Sehnerven durchtrennt, so wird sich eines der Tiere angesichts eines weißen Kreises auf Nahrung stürzen, wogegen das andere um sein Leben zu rennen beginnt.

Dieses Beispiel beruht auf biologischen Tatsachen. Aber wie oft geraten wir nicht in leidenschaftliche Diskussionen, weil wir nicht begreifen, daß unser Gesprächspartner von anderen Gesichtspunkten ausgeht und daher gutgläubig das Gegenteil dessen, wofür wir uns einsetzen, für richtig hält!

Die wissenschaftlichen Umwälzungen der Gegenwart erfordern eine neue Art der Verständigung und gleichermaßen eine neue Sprache, die dem ständigen, in allen Lebensbereichen stattfindenden Wandel besser gerecht wird. Dann erst können wir sicher sein, daß Mißverständnisse weitestgehend vermieden werden können und die Menschen einander richtig verstehen.

Wir sind täglich Zeugen des rapiden Wandels, der sich

auf allen Ebenen abspielt. Klagen wie »Nichts ist mehr sicher! Die Welt ist aus den Fugen!« sind zwar unnütz, aber wenigstens harmlos. Gefährlich wird es, wenn wir, um einige Sicherheit zu gewinnen, altbewährte »gute« Prinzipien beschwören und unser Verhalten auf diese abstützen. In ihrem Namen haben wir uns, wenn's not tat, auch schon gegenseitig umgebracht! Solche guten Prinzipien verschaffen ein gutes Gewissen. Wenn wir uns allerdings eingestehen, daß sie nur dem Schein nach gut sind, dann müssen wir doch all diese scheinheiligen Grundsätze über den Haufen werfen! Es geschieht aber nicht! An ihnen wird nicht gerührt, obwohl das Folgen hat, die Tag für Tag gravierender werden.

Gibt es irgendein Prinzip, das allgemeinere Anerkennung gefunden hätte als das der Schwerkraft? Nach dem Gravitationsgesetz umkreisen die Planeten die Sonne nach energetischen Gesetzmäßigkeiten, die sich aus ihrem Gewicht und ihrer Entfernung zur Sonne herleiten. Die Welt schien enträtselt. Man kannte nun den perfekten und großartigen Mechanismus und die Gesetze des Kosmos; man betrachtete ihn als ein einheitliches großes Ganzes, dessen Bewegungen von vorhersehbaren Ursachen und Wirkungen bestimmt wurden. Das Gesetz der Schwerkraft erbrach, so schien es tatsächlich, die sieben Siegel des Geheimbuches der Natur.

Im Laufe der Zeit ergaben sich dennoch gewisse Schwierigkeiten. Die Leere des Raumes wurde zum Problem, da sich die Übertragung von Lichtstrahlen nur erklären ließ, wenn man dafür ein physikalisches Medium voraussetzte, das es theoretisch nicht gab. Aber man wußte sich zu helfen: man erfand es. Da das Prinzip der Schwerkraft außer Frage stand, mußte es so etwas wie einen Äther geben, und schon gab es ihn tatsächlich! Die Himmelskörper rieben sich zwar nicht an ihm, das hätte sie nämlich gebremst, aber die Lichtstrahlen wußten sich das neue Element zunutze zu machen, denn dank Äther kamen sie nun von den entferntesten Galaxien zu uns!

Dann stellten A. A. MICHELSON und E. W. MORLEY ihr Experiment an, zwei Wissenschaftler, die dem Geheimnis des ungreifbaren Äthers auf die Spur kommen wollten. Sie stellten zur allgemeinen Bestürzung fest, daß der Äther nur ein Hirngespinst war. Ein Universum aus elektromagnetischen Wellen trat an seine Stelle! Eine neuerliche Revolutionierung unseres Weltbildes!

Das winzige, unsichtbare und ungreifbare Elektron, ein unabdingbarer Baustein jeglicher Materie, hatte ganz allein das wunderbare kosmische Uhrwerk der Väter ins Wanken gebracht!

Der Kosmos ist aber kein Uhrwerk; er ist Bewegung. Zwar gelten im Maßstab unserer Welt die von ISAAC NEWTON aufgestellten Gesetze weiterhin, doch alles ist anders, sobald wir uns mit den Atomen beschäftigen, aus denen das Universum besteht.

Auf der Ebene der Atome vollziehen sich Abläufe ohne eine bestimmte formale Ursache. Das Verhalten eines Elektrons ist akausal. Indem es den Atomkern umkreist, müßte es eigentlich Energie einbüßen. Aber das ist nicht der Fall. Der Beobachter erwartet dieses und beobachtet jenes. Genaugenommen beobachtet er eigentlich gar nichts; er nimmt lediglich an, eine bestimmte Ursache werde wahrscheinlich diese oder jene Wirkung haben, aber sicher sein kann er nie. An die Stelle des Kausalitätsprinzips ist – das müssen wir begreifen – das Prinzip der statistischen Wahrscheinlichkeit getreten.

Der große Physiker J. R. OPPENHEIMER, der versucht hat, die Unzulänglichkeit unserer – für die Beschreibung atomarer Prozesse ungeeigneten – Sprache zu verdeutlichen, sagte in diesem Zusammenhang: »Selbst auf die anscheinend einfachsten Fragen können wir entweder keine Antworten geben oder nur solche, die auf den ersten Blick eher an einen fremdartigen Katechismus als an die kategorischen Feststellungen des Physikers denken lassen.«

Stehen wir da also vor einem der Wissenschaft selbst innewohnenden Widerspruch? Nein. Wir erleben nur den Wandel mit, dem auch die Wissenschaft unterworfen ist. Die moderne Physik ist inzwischen über die Denkkategorien der orthodoxen Schulwissenschaft hinausgewachsen, deren Axiome uns bisher als Ausgangspunkt allen logischen Denkens dienten. Auf eine schlagende Weise bestätigt diese Tatsache nur die schon an anderer Stelle getroffene Feststellung, daß die Summe jeweiligen Wissens niemals zu wahrer Erkenntnis führt; sie übersteigt alles Wissen. Allerdings müßte sie auch sprachlich korrekt und verständlich ausgedrückt werden können.

»Die Wissenschaft hat gesündigt!« rief ein großer Physiker aus, als er von der Explosion der Hiroshima-Bombe erfuhr. Die Wissenschaft ist an dem Desaster weder schuldig noch unschuldig; aber sie verleiht Macht. Doch es ist der Mensch, der diese Macht mißbraucht. Zwar bedauert er das Unheil, aber er weigert sich auch, auf diese Macht zu verzichten, die unser aller Existenz bedroht.

Die Wissenschaft ist nicht nur unschuldig, sondern sie könnte uns sogar angesichts der von ihr ermöglichten Bedrohung die ewigen Werte der höheren Ordnung zu Bewußtsein bringen.

In vielen Lebensbereichen eröffnet die Gegenwart neue Gesichtspunkte und ungeahnte Möglichkeiten verantwortungsbewußten und verständnisvollen Handelns. Die Tatsache, daß der Mensch über ungeheure Mittel und große Macht verfügt, sollte uns verpflichten, sie vernünftig und weise zu gebrauchen.

Offensichtlich ist es, wie der Physiker COSTA DE BEAUREGARD feststellte, so, daß sich menschliches Wissen in der höheren Ordnung der Natur widerspiegelt, die sich der Entropie widersetzt, also dem Aufhören jeglicher Bewegung oder dem Tod.

Die Entropie des Universums hat die Wahrscheinlichkeit für sich, denn jede Bewegung verlangsamt sich und hört mit der Zeit auf. Demgegenüber aber schreitet die Bewegung des Lebens ohne wahrnehmbare Verlangsamung stetig voran. Das ist nicht das geringste Wunder!

Man gewinnt den Eindruck, daß Wissen aufgrund bestimmter energetischer Interaktionen, die für die stete Angleichung der Partikel des Atomkerns an veränderte Gegebenheiten sorgen, das Fortschreiten der Entropie aufhalten kann, also einem Energieverlust entgegenwirkt. Diese Tatsache wirft eines der Grundprinzipien der Thermodynamik über den Haufen und hebt auch die Grundlage des Determinismus aus den Angeln, der so oft zur Rechtfertigung eigener Untätigkeit mißbraucht worden ist.

Diese grundlegenden Feststellungen eröffnen neue Horizonte und verdienen es, daß wir uns mit den sich aus ihnen ergebenden Konsequenzen auseinandersetzen. Wenn wir sie nämlich in ihrer ganzen Bedeutung verstanden haben, so können wir nicht mehr umhin, die Realität der Willensfreiheit zuzugeben. Das heißt, volkstümlich ausgedrückt, daß somit jeder seines eigenen Schicksals Schmied ist.

Tatsächlich ermöglicht eine auf richtiger Auslegung und Zusammenfassung gegebener Informationen fußende Erkenntnis eine ständige Anpassung an immer neue Lebensumstände. Sie ermöglicht uns, im Sinne der Evolution und in Übereinstimmung mit den universellen Gesetzen des Lebens, die Ausdruck der höheren Ordnung sind, zu handeln und somit der Entropie entgegenzuwirken.

Daraus folgt, daß wir unser ganzes Erziehungsideal neu überdenken müssen. Die Überspezialisierung müßte weitgehend fallengelassen werden, weil sie die geistige Lebendigkeit behindert, die eine unabdingbare Voraussetzung für die intuitive Erfassung der Beziehungszusammenhänge jenseits logischen Denkens darstellt. Unser höchstes Ziel müßte sein, Menschen mit klarem und nicht mit vollgestopftem Kopf heranzubilden.

Wir müssen die uralten Weisheiten der Menschheit wieder in ihr Recht einsetzen und unsere wissenschaftlichen Strebungen und Forschungen dazu benutzen, die latenten Fähigkeiten unseres Gehirns zu entwickeln. In solcher Entfaltung käme dann auch der Genius des Menschen zum Vorschein, und es könnte endlich das Wesentliche jenseits allen wechselnden Scheins erkannt werden.

Erst diese Voraussetzungen würden eine Wirtschaftsordnung ermöglichen, in der die Beziehung zwischen Initiative und Arbeit, zwischen den finanziellen Möglichkeiten und den vorhandenen Mitteln stimmt und die somit Vollbeschäftigung, soziale Sicherheit und einen gehobenen Lebensstandard zu garantieren vermag. Auf der Basis einer sinnvollen Verwendung der Reichtümer aller Länder würde ein Ausgleich zwischen den Bedürfnissen aller Menschen und den verfügbaren Gütern stattfinden.

Ein solcher harmonischer Interessenausgleich könnte nur im Rahmen einer weltweiten gerechten Verteilung der vorhandenen Güter verwirklicht werden. Mit der Herstellung sozialer Gerechtigkeit auf nationaler und internationaler Ebene würden Verwirrung, Unsicherheit und Angst verschwinden. Die Wissenschaft würde den ihr angemessenen Platz im Evolutionsprozeß einnehmen und wahre Autorität jene Stellung erlangen, die ihr gebührt.

Handelt es sich bei alledem nur um einen unrealistischen Ausblick, oder könnte solche Weisheit für das neue Zeitalter tatsächlich kennzeichnend sein? Erst kommende Generationen werden die Antwort geben!

Schon heute denken die jungen Menschen anders als frühere Generationen. Wie immer, wenn Neues sich ausbreitet, sind gewisse Auswüchse unvermeidlich. Wenn auch aus diesen Gründen heute Werte wie Arbeitsamkeit, Wissenserwerb, Klarheit im Ausdruck und Achtung vor dem Althergebrachten bei manchen Jugendlichen auf Ablehnung stoßen, werden diese Fehlreaktionen früher oder später wieder verschwinden.

Auch die Beziehung zwischen Mann und Frau scheint einem Wandel zu unterliegen, der tiefgreifende Veränderungen der Partnerschaftsstruktur bereits eingeleitet hat und zur Folge haben kann.

Die sexuelle Freiheit und die verbreitete Erotisierung aller Lebensbereiche wirken auf die Psyche und lösen bestimmte Grundhaltungen auf, die bisher als unerläßlich für den Zusammenhalt eines Paares galten. Der gelegentlich propagierte Gruppensex hat zwar keine Zukunft, da er gegen die Natur ist, aber die Monogamie, wie wir sie heute kennen, könnte in Zukunft durchaus gewisse Änderungen erfahren.

Im Geiste einer erweiterten geistigen Verbundenheit unter Menschen werden zunehmend auch Freundschaften gepflegt werden. Einengende Eifersucht wird eine geringere Rolle spielen als früher. Die Menschen werden begreifen, daß ein Ehepartner durchaus zu einem anderen Mann oder einer anderen Frau außerhalb der Partnerschaft eine rein freundschaftliche Beziehung unterhalten kann, ohne daß dadurch die Intimsphäre des Paares verletzt würde, und das um so selbstverständlicher, als die Heuchelei ab- und die Offenheit zunimmt.

Ein solcher evolutionärer Prozeß würde schließlich ein brüderliches Verständnis zwischen allen Mitgliedern einer geistigen Gemeinschaft fördern und einer Brüderlichkeit zugute kommen, in der wesentliche menschliche Werte ihren Ausdruck fänden. Kern dieser Brüderlichkeit wäre dann der vergrößerte geistige Familienverband.

KAPITEL 12

Die falsche Elite

Sich im übertragenen Sinn auf die »Reise« zu begeben heißt, anderen Menschen tief in die Augen zu blicken und den Schleier zu lüften, der ihren Reichtum, ihr Elend, ihre Schmerzen oder ihre Freuden verhüllt.

Sich auf den Weg solcher Reise zu machen bedeutet, den Rhythmus der eigenen Seele mit dem Rhythmus der Weltseele in Einklang zu bringen. Die Einschwingung auf diesen subtilen Gleichklang, den nur das innere Ohr vernimmt, das sich dem Lärm der Welt und ihrer Wirrnis verschließt, lehrt uns verstehen, daß wir Wanderer sind, die aufgerufen sind, sich den Herausforderungen des Lebens zu stellen.

Nachdem ich in den vorstehenden Kapiteln versucht habe, die Ursachen einer von innen kommenden Auflehnung, die einer Herausforderung gleichkommt, darzulegen, möchte ich mich nun ebenso unvoreingenommen mit den äußeren Gründen der allgemeinen Verwirrung auseinandersetzen.

Die politischen und soziologischen Aspekte sollen dabei nur in dem Maß berührt werden, wie es für das Verständnis der Problematik notwendig ist. Wichtiger erscheint, sich von Theorien möglichst fernzuhalten und unbeirrt den Kurs zu verfolgen, auf den es ankommt. Dennoch soll nie-

mand die Augen verschließen. Wir wollen uns von der Welt
ja nicht abwenden, sondern, im Gegenteil, in dieser Welt
klarsehen.

Das Abendland befindet sich offenbar in der Defensive.
In der Sprache der Politiker tauchen Begriffe wie Neutralis-
mus, Satellitenstaat und andere Schlagwörter auf, die ihren
Sinn nur unter dem Aspekt der Auseinandersetzung zwi-
schen den beiden unversöhnlich gegeneinanderstehenden
Macht- und Militärblöcken haben.

Der kalte Krieg und die friedliche Koexistenz sind die
beiden Pole eines stets gefährdeten bewaffneten Friedens,
den wir dem Gleichgewicht des Terrors – und leider nicht
dem der Weisheit – verdanken.

Das militärische Gleichgewicht der Hegemoniemächte
im Bereich der konventionellen Waffen, auf taktischem
und atomarem Gebiet und im Weltraum gehört zum Arse-
nal der Argumente, die Leidenschaften wecken oder ein-
schläfern.

»Der Krieg«, sagte ALBERT EINSTEIN, »ist eine Kinder-
krankheit der Menschheit.« Das ist nur allzu wahr. Wenn
Menschen sich allerdings weigern, erwachsen zu sein, so
sollte man ihnen erklären, daß sie Gefahr laufen, Opfer ihrer mangelnden Reife zu werden.

Aber wie kann man ihnen das verständlich machen? Das
eben ist das Dilemma. Der Konflikt besteht überall. Auch
der sogenannte Nord-Süd-Dialog zwischen reichen und ar-
men Ländern ist ein »Dialog« zwischen Schwerhörigen.

Guerillakriege und Bruderstreit fordern in Südamerika,
Afrika und Asien immer mehr Opfer. Die Weltwirtschafts-
krise nimmt verheerende Ausmaße an. Um innenpolitische
Schwierigkeiten zu vertuschen, scheuen gewisse Regierungen nicht davor zurück, sich in kriegerische Unternehmun-

gen einzulassen, weil sie hoffen, daß territoriale Annexio-
nen die notleidenden Massen daheim von ihrem Elend ab-
lenken.

Die Autorität des Abendlandes zerbröckelt, und es werden nicht wenige Mittel aufgewendet, um den Verfall nach
Möglichkeit zu beschleunigen. Diese Entwicklung ist be-
sorgniserregend, denn Verfall steht im Widerspruch zur
abendländischen Berufung. Europa hat einen geistigen
Auftrag zu erfüllen.

»Geist gegen Kanonen«, könnte man lächelnd sagen.
Genau das mag eine Möglichkeit sein, vorausgesetzt allerdings, daß wir das Unantastbare und Heilige verteidigen
und unsere Entschlossenheit stark genug ist, einen eventu-
ellen Angreifer von der Nutzlosigkeit einer Eroberung zu
überzeugen, welche die Besiegten nicht zwingen könnte,
sich dem Gesetz des Siegers zu unterwerfen.

Erinnern wir uns an den Zweiten Weltkrieg. Nach der
verlorenen Schlacht um Dünkirchen war die Entschlossenheit der Engländer, die Niederlage nicht hinzunehmen, die
letzte Waffe dieses Volkes. Alle anderen Waffen waren an
den Stränden Frankreichs zurückgeblieben. Bombenangriff auf Bombenangriff brach diese Entschlossenheit
nicht, und HITLER, der die psychologische Mauer dieses
Widerstandswillens gespürt haben dürfte, ließ entgegen jeder Logik seine Invasionspläne fallen.

Dies ist nur ein Beispiel unter vielen aus der Geschichte,
die zeigen, welche Rolle die innere Haltung eines Volkes
bei der Entscheidung über Sieg oder Niederlage spielt. Die
Geschichte bezeugt aber auch die Rolle, die an so manchen
Wendepunkten echtem Rittertum zukam. Natürlich handelt es hier nicht darum, das mittelalterliche Rittertum, das
der Vergangenheit angehört, aufleben zu lassen. Das Ritter-

tum in seiner Tradition liefert uns nur das Vorbild einer Elite – die heutzutage eine Elite derer sein muß, die das Wesentliche zu erkennen imstande und somit sachkundig sind.
Den Platz, der solchen Menschen zukäme, nehmen sie aber
in unserer Gesellschaft nicht ein.

Kompetenz und Sachkunde beschränken sich nicht auf
reines Wissen. Für die Probleme der Gegenwart gibt es nur
dann eine Lösung, wenn wir uns Menschen zuwenden, die
von der großen Aufgabe beseelt und fähig und willens sind,
den Erfordernissen der Zeit angepaßte Lösungen zu finden.
Die Wahl solcher Interessenvertreter erfordert Klarsicht,
Unvoreingenommenheit und eine Handlungsfreiheit, die
sich kaum mit dem Begriff falschverstandener Demokratie
vereinbaren läßt.

Ganz gewiß gibt es kein Allheilmittel für die vielfältigen
Leiden und Nöte unserer Zeit. Dennoch wird es die Aufgabe der Gesellschaft des Wassermannzeitalters sein, eine Re-
gierungsform zu entwickeln, in der wahre Kompetenz sich
entfalten kann, und zwar ohne jeden Zwang zu »populä-
ren« Maßnahmen, wie ihm Politiker heute unterliegen,
wenn sie gewählt werden wollen. Eine sich ihrer Verantwortung bewußte Demokratie könnte sich ohne weiteres
auf eine neue Gewaltenteilung von Macht und Autorität
verstehen, so daß die politischen Zuständigkeiten zwischen
Vertretern der politischen Macht einerseits und einer geistigen Elite andererseits aufgeteilt werden.

Klar ist, daß heute eine falsche Elite die Welt regiert und offensichtlich noch bemüht ist, die Vorstellung, daß es eine
geistige Elite gibt, ins Lächerliche zu ziehen. Heutzutage
wird das Heil allenthalben in der Nivellierung gesucht. Die
Lösung von Problemen wird nur auf dem niedrigsten Ni-

veau eines allgemeinen Konsens angegangen, und von innen wie auch von außen her ist die Tendenz wirksam, grundlegende Werte durch falsche zu ersetzen. Man rechtfertigt das mit der Behauptung, zeitgemäß zu denken. Solche Ersatzwerte werden in Formen des Kitschs und in modischer Gegenkultur sichtbar.

Um Mißverständnisse auszuschließen, sei noch einmal darauf hingewiesen, daß es sich bei der erwähnten Elite nur um eine geistige Elite, nicht um eine solche des Geldes, Blutes oder akademischer Qualifikationen handeln kann. Diplome beweisen Wissen, und niemand wird ihre Bedeutung bestreiten. Dennoch ist Wissen nicht das gleiche wie Weisheit, die Erkenntnis voraussetzt, in der Wissen und Verstehen zusammenfließen. Nur in der Verschmelzung dieser Fähigkeiten öffnet sich der Blick für das Wesentliche des Lebens. Eine solche Sicht führt zu einem Handeln, das in erster Linie Dienst am Menschen ist und nicht so sehr auf materiellen Gewinn abzielt, wenngleich dem an sich natürlich nichts Schlechtes anhaftet.

Gewinn ist mit dem Zeitwort »haben« verbunden, Dienst mit »sein«.

Eine Elite kann es nur insofern geben, als die, die den Anspruch erheben, ihr anzugehören, ihre Eignung und ihr Engagement auf ihrem jeweiligen Tätigkeitsfeld unter Beweis stellen. Ein Schäfer, der sich der ihn umgebenden Natur harmonisch einfügt, seine Herde liebevoll hütet und die Tiere bei einem drohenden Gewitter unter ein schützendes Dach führt und, wenn nötig, mit der Herde neue Weidegründe aufsucht, lebt auf seine Weise als elitärer Mensch. Er verkörpert Wesentliches, nämlich Fleiß, Sachkundigkeit, Selbständigkeit, und trifft in eigener Verantwortung seine Entscheidungen. Vielleicht werden ihm in der Stille und Einsamkeit der ihn umgebenden Natur tiefere Erkenntnisse zuteil als einem Minister oder Manager.

Menschen in der Entfaltung solcher wesentlichen Qualitäten zu behindern läuft auf deren Entmündigung hinaus, die man entschuldigend mit sozialer Gerechtigkeit erklärt – zu Unrecht. Denn tatsächlich werden unter solchen Bedingungen Freiheitsstreben und Unternehmungsgeist erstickt, und dies ist im Sinne jeder Zivilisation ein Rückschritt.

Der im weitesten Sinne des Wortes arbeitsame Mensch behauptet sich als Individuum. In seiner Arbeit drückt sich auf allen Ebenen Sorgfalt aus. Sie ist ein Beitrag zum Wohl der Gemeinschaft, deren Wert sich nach der Achtung bemißt, die ihre Mitglieder sich gegenseitig entgegenbringen, also jedem einzelnen Individuum und der Freiheit seines Entschlusses.

Freiheit und Würde sind der Ursprung jeder Initiative und ehrlichen Forscherdrangs und somit letztlich des Fortschritts.

Ein Mensch, der sich seiner Pflichten ebenso bewußt ist wie der tieferen Notwendigkeit, aus der sie sich herleiten, geht einen unverkennbar eigenen und elitären Weg. Gewissenhaftigkeit und Klarsicht geben ihm die Kraft, tätig in der Welt zu leben.

Worte sind trügerisch, und die Sprache einer Tradition ist jenen unverständlich, die sich von ihr abgewandt haben. Das Wort »Elite« weckt Vorbehalte, da es in der Vergangenheit eine sozial bevorzugte Klasse bezeichnet hat. Entscheidend ist jedoch, die wahre, hinter einem Wort stehende Bedeutung wiederzuentdecken. Das Rittertum stellte seinerzeit tatsächlich – von seinem Ethos her – eine Elite dar. Es kann, wie gesagt, nicht unser Anliegen sein, historisch Überlebtes wiederzubeleben; wir wollen uns nur klarmachen, daß das Rittertum – eben vom Ethos her – auf eine zeitgebundene Weise überzeitlich gültiges Wesentliches zum Ausdruck brachte. Vertreter dieses ritterlichen Ideals hat es zu allen Zeiten gegeben: die Kshatrias in Indien, die Samurai in Japan, die Ritter der Rose und des Kreuzes in Europa und viele andere mehr. Heutzutage sind es, gleichfalls von ihrem Ethos her, all die Menschen, die ihnen gleichen, weil sie bemüht sind, ihre lebendigen Kräfte von innen her zu befreien, um sich einem neuen Bewußtsein zu öffnen.

Die Suche nach einem Meister ist ein bezeichnendes Phänomen unserer Zeit und Ausdruck eines Strebens, das sich dem einstigen Ritterideal insofern annähert, als es die Bereitschaft, einer Sache, einem Ideal zu dienen, bezeugt, die das persönliche Interesse übersteigt.

Die falsche Elite erkennt eine geistige Elite nicht an. Sie usurpiert die Positionen der Macht. Machtwille aber schließt uneigennütziges Handeln aus. Um die Zeitlosigkeit des Ritterideals zu verdeutlichen, müssen wir – frei von Vorurteilen – die Symbole direkt zu uns sprechen lassen.

In der Kapelle des Malteserordens in Rom ist ein Gemälde eines deutschen Großmeisters des Ordens zu sehen. Interessant ist nicht das Bild als solches, interessant sind die in ihm dargestellten Ideen.

Auf dem Gemälde sind ein Globus, das Symbol des Universums, eine Ritterrüstung, das Symbol der vor Angriffen gefeiten Weisheit, und der azurblaue Mantel, das Symbol einer Meisterschaft, die dem Geiste entstammt, dargestellt. Das weiße Futter des Mantels versinnbildlicht Reinheit und im übertragenen Sinn Unverwundbarkeit, der an der Rüstung befestigte achtzackige Stern ist ein bildhafter Ausdruck für den erwachten Menschen, des Regenten des Zen-

trums und der acht Himmelsrichtungen, der vier Haupt-
und der vier Zwischenrichtungen der kosmischen Weite.

Wenn wir das Bild in dieser Weise verstehen, so veranschaulicht es genau die Herausforderung, der wir Menschen des Abendlandes uns stellen müssen, wenn wir wür-
dige Erben unserer großen Überlieferung sein wollen. Nur
wenn wir diese Herausforderung annehmen, können wir
uns Ruhm erwerben und uns, bildlich gesprochen, mit der
Rüstung und dem achtzackigen Stern schmücken, die jedoch nur solchen Menschen sichtbar sein werden, die – und
immer größer wird ihre Zahl – eine im Dienst der Menschheit stehende Zivilisation ins Leben zu rufen bemüht sind,
eine Zivilisation, die dem Adel des Herzens und des Geistes
den ihm zukommenden Platz zuweisen würde.

Das Universum ist der Fürsorge des Menschen anvertraut,
und Herzensadel, der auch ein solcher des Geistes ist, ergibt
sich geradezu zwangsläufig aus diesem Bewußtsein. Die
Tier- und Pflanzenwelt wie auch die Bodenschätze der Erde
sind nicht bloß da, damit wir sie ausbeuten. Wenn wir sie
uns zunutze machen, so schließt das die Verpflichtung ein,
immer auf die Wahrung des für die Natur so wichtigen
Gleichgewichts zu achten.

Agitation und lautes Geschrei, wie sie heutigen Massen-
demonstrationen anhaften, bringen uns einer solchen Haltung der Fürsorglichkeit nicht näher, denn in ihnen drückt
sich, selbst wenn ihnen gute Absichten zugrunde liegen,
hauptsächlich Angst aus, die von politisch oder ideologisch
Interessierten sehr leicht ausgenutzt werden kann.

Die Herausforderung, der das Abendland gegenübersteht, ist vielgestaltig. Überkommene Strukturen sind vom
Zusammenbruch bedroht. Um eine solche Entwicklung zu

verhindern, ist Klarsicht vonnöten. Wir müssen einsehen lernen, daß Kriege nur ausbrechen, wenn es auf beiden Seiten Menschen gibt, die dies wünschen. Zweifellos zwingen die einen ihren Willen den andern auf, aber dennoch ist der Krieg auch Ausdruck eines inneren Konfliktes, an dem auch alle die teilhaben, die nur gezwungenermaßen mitmachen. Es sind immer die inneren Konflikte, die zum Krieg führen.

Während des Krieges scheinen die individuellen Probleme und Schwierigkeiten vergessen zu sein. Millionen stürzen sich Hals über Kopf in den Kampf. Indem so die echten Probleme jedoch verdrängt werden, rücken diese einer Lösung nicht näher. Nach dem Krieg sind sie von neuem da.

Wenn wir kriegerische Auseinandersetzungen vermeiden wollen, müssen wir zunächst einmal unsere eigenen Widersprüche und Konflikte lösen. Solange wir das nicht begreifen und nicht entsprechend an uns arbeiten, sind wir alle für alle Kriege verantwortlich, aber auch für alle aus ihnen resultierenden grauenhaften Konsequenzen, die nur das Spiegelbild unserer eigenen Angst und Verwirrung sind.

Sich dieser Tatsache bewußt zu werden wäre gewiß vielversprechender als alle Friedensdemonstrationen, deren Teilnehmer sich der Illusion hingeben, etwas Wirksames getan zu haben. Zieht man auch noch eine weitere Tatsache in Betracht, nämlich daß diesseits und jenseits des Eisernen Vorhangs, der das Abendland trennt, mit solchen Kundgebungen für den Frieden sehr unterschiedliche Ziele anvisiert werden, dann muß man notwendigerweise vom gefährdeten Frieden auf die gefährdete Freiheit zu sprechen kommen.

Zweiter Teil:
Die Vision einer neuzeitlichen
Zivilisation

KAPITEL 13

Das Prinzip der Freiheit

Die Fundamente der abendländischen Kultur sind ins Wanken geraten. Es ist an der Zeit, daß wir uns der grundlegenden Werte, deren Hüter und Nutznießer wir sind, bewußt werden und sie hochhalten, bevor es endgültig zu spät ist.

Es war und ist der Auftrag des Abendlandes, den Ausdruck wahren Lebens zur Geltung zu bringen, was eher eine Kunst und weit mehr als eine bloße Daseinstechnik ist. Der Mensch lebt vernünftig oder unvernünftig, leidenschaftlich oder besonnen, von den Sinnen getrieben oder weise, ein jeder auf seine ganz persönliche Art und Weise; das Leben aber, das sich darin offenbart, ist allumfassend.

»Das Leben ist das Licht des Menschen«, heißt es in der *Heiligen Schrift*. Es wirkt in allem, was er sieht, berührt, fühlt, versteht und ausdrückt. Der französische Philosoph MICHEL EYQUEM MONTAIGNE spricht in einem seiner Werke von einem »Wissen, wie das Leben gut, richtig und natürlich zum Ausdruck gebracht werden kann«. Die Worte gleichen einander nicht, aber die Idee beider Aussagen ist die gleiche.

Wahres Leben schafft einen Ausgleich zwischen dem Wissen und der tiefsten Sehnsucht des Menschen. Es macht ihn unabhängig von organisatorischen Zwängen, technokratischen Auswüchsen und intellektuellem Dogmatismus; diese hemmen unsere schöpferischen Kräfte, die ein spontanes und natürliches Geschenk des Lebens sind. Wahres Leben umfaßt das gesamte Dasein, auch das des Alltags, und baut die Brücke zwischen dem Vergänglichen und dem Ewigen. Es ist auf Harmonie gegründet, also auf Schönheit und Wahrheit, die über Raum und Zeit erhaben sind und die Seele angesichts des großen Mysteriums jenseits der Erscheinungswelt zum Schwingen bringen.

Ein Mensch, der über diese Erfahrung verfügt, kann aus der Fülle seines Wesens heraus an dem großen Gotteswerk der Natur mitwirken, und um sein Schicksal zu erfüllen, muß er die von den Alchimisten postulierte »königliche Kunst« beherrschen, die nichts anderes ist als wahre Lebenskunst.

Der Mensch und seine Umwelt entwickeln sich. In seiner Entfaltung übt der Mensch einen zunehmend stärkeren Einfluß auf seine Umwelt aus. In dem Bewußtsein, privilegierte und als einzige bewußte Wesen zu sein, versuchen wir nicht nur unsere Mitmenschen, sondern auch mineralische Substanzen, Pflanzen und Tiere unserem Willen zu unterwerfen.

Wir möchten frei sein, vergessen jedoch nur allzuoft, daß die »königliche Kunst« auf der Kenntnis der Gesetze beruht, in denen sich eine höhere Ordnung und eine Harmonie spiegeln, ohne die es keine Freiheit gibt.

Wir züchten Tiere, von denen wir uns ernähren. Wir bauen Pflanzen an, Getreide, Gemüse, Obst. Aber können wir von uns behaupten, daß wir dies auf die richtige Weise tun? Ganz gewiß nicht!

Chemische Düngemittel und abscheuliche Methoden der Tierhaltung dienen in erster Linie dem Profit, aber ihre Anwendung widerspricht jedem wahren Verständnis des in der Natur herrschenden Gesetzes der Harmonie, das uns eine um so größere Verantwortung zuweist, je größer die Macht ist, die wir uns angeeignet haben, um die Natur zu beherrschen.

Wir vergewaltigen die Natur, anstatt ihr zu folgen, und die daraus resultierenden Schwierigkeiten sind der hohe Preis, den wir dafür zahlen müssen. Die ungelösten Probleme häufen und vervielfältigen sich und ebenso die von erhitzten Gemütern vorgeschlagenen angeblichen Allheilmittel, die jedoch zur Lösung der wahren Probleme der Gegenwart ungeeignet sind.

Wir haben allen Grund, über die Zukunft der Menschheit besorgt zu sein. Der Großteil aller Menschen irrt in der Wirrnis der Welt hilflos taumelnd umher. Sie sind nicht fähig, dem Druck der Umwelt standzuhalten und der Unordnung Herr zu werden, die eine Folge der sich überschlagenden politischen, wirtschaftlichen, wissenschaftlichen, technischen und religiösen Entwicklungen ist. Besitzgier hat den Menschen vom Weg seiner wahren Bestimmung abgebracht, und er tut alles, um diese Gier sogar noch zu vermehren. Er lebt in fieberhafter Betätigung dahin. Das menschliche Leben ist nur von geringem Wert; es ist ein Spielball beliebiger Leidenschaften und unglaublicher Willkür.

Wir sollten erkennen und verstehen, daß, selbst wenn hier und da eine Revolution den Anschein erweckt, alles über den Haufen zu werfen, infolge menschlicher Trägheit des Geistes und des Herzens die alten Verhältnisse – nur mit umgekehrten Vorzeichen und einem neuen Etikett versehen – bestehenbleiben und man so einer Lösung der Probleme um keinen Schritt näherkommt.

Wundert uns da, wenn ein Mensch, Opfer seiner Orientierungslosigkeit und fieberhaften Hast, fassungslos ausruft: »Oh Gott, wie die Zeit vergeht! Erst gestern war ich zwanzig, und heute bin ich schon viermal so alt. Habe ich gelebt ?« Wenn wir an dieser letzten Station unserer Lebensreise angekommen sind und ängstlich nach einer Antwort aus unserem Inneren lauschen, so sagt uns die Stimme unseres Herzens: »Du warst wohl da, aber gelebt hast du nicht.«

Um wirklich zu leben, müssen wir in wacher Bewußtheit unser Verhalten mit unserer tiefstinneren Wirklichkeit – in der sich die überweltliche Wirklichkeit widerspiegelt – in Einklang bringen.

Zu einem derartigen seelischen Wandlungsprozeß gehört jedoch eine Menge Mut. Die ältere Generation, die körperlich und geistig den Stempel der Jahre und der Erfahrung trägt, müßte den jüngeren Menschen, die nach dem Lebenssinn und einem für sie begehbaren Weg suchen, die Hoffnung vermitteln, daß es die menschliche Bestimmung ist, trotz der Schwierigkeiten und Nöte des Alltags das wahre Leben zu entdecken und in allen Lebensumständen zum Ausdruck zu bringen. Die jungen Menschen beider Geschlechter würden sich, lebten sie in dieser Gewißheit, hüten, kopflos die Chance zu vergeuden, die ihre Jugend ihnen bietet, und unerschrocken der Zukunft entgegensehen, ohne das Erwachsenwerden und das Alter zu fürchten.

Die ältere Generation könnte im übrigen für unsere Gesellschaft von großem Nutzen sein, der dieser heute aber entgeht, weil sie die Früchte der Erfahrung nicht zu würdigen weiß. Es ist einfach absurd, pseudosoziale Erwägungen vorzuschützen, um Männer und Frauen auf dem Höhepunkt ihrer Erfahrung aus dem aktiven Leben zu entfernen.

Das Wort »Ruhestand« hat in unserer Gesellschaft einen fast magischen Klang. Gewiß gibt es Menschen, denen der Ruhestand die Möglichkeit gibt, nach langer, schwerer Arbeit endlich einmal auszuruhen oder sich mit Dingen zu beschäftigen, die ihrer Neigung und Begabung entsprechen. Unglücklicherweise trifft das jedoch auf die Mehrheit der älteren Menschen nicht zu, die niedergeschlagen alles versuchen, um dem Gefühl der Nutzlosigkeit zu entgehen, sei die übernommene Arbeit oder der gewählte Zeitvertreib nun für sie geeignet oder nicht.

Die Einstellung der Gesellschaft gegenüber dem Alter steht im Gegensatz zum Sinn des Lebensprozesses. Die Zeit des Ruhestands sollte es dem älteren Menschen gestatten, die Summe seiner im Laufe eines ganzen Lebens gewonnenen Erfahrungen weiterzuvermitteln. Wir sollten die ältere Generation mit der Aufgabe betrauen, die von ihr je nach der Entwicklung des einzelnen Individuums erworbenen Fähigkeiten und ihr Verständnis von Welt und Leben der Gemeinschaft zu vermachen. Davon könnte die Gesellschaft nur profitieren, und auch die längere Lebensdauer des heutigen Menschen, die er dem Fortschritt der Wissenschaft verdankt, erhielte so einen Sinn.

Der durch alle Höhen und Tiefen gegangene, reife Mensch könnte dann auf der ihm entsprechenden Ebene den ihm zukommenden Platz einnehmen und, wenn der Tag gekommen ist, seinen Körper verlassen, wie man ein Mahl verläßt – mit Würde!

Aber soweit sind wir leider noch nicht. Daher müssen wir zunächst lernen, klar und richtig zu denken, um nicht Ideologien zum Opfer zu fallen, die von falschen Grundannahmen ausgehen. Zu diesem Zweck ist es aber auch unerläßlich, die Mechanismen unseres Denkens zu begreifen. In seiner geheimnisvollen Komplexität wird unser Denken von zahlreichen physiologischen, emotionalen und wahrnehmungsabhängigen Faktoren beeinflußt und ist darüber hinaus durch Umwelteinflüsse, durch Inhalte unseres Gedächtnisses und vor allem auch durch Glaubenshaltungen geprägt.

Unser Denken geht von Annahmen aus, deren Gültigkeit wir beständig überprüfen müssen. Das Wissen, auf dem diese Annahmen beruhen, ist niemals endgültig, und ebensowenig sind es die Grundbegriffe, mit denen wir umzugehen pflegen; sie entsprechen bestenfalls der Wahrheit eines Augenblicks.

»Die Welt unserer Vorstellung ist unser Gefängnis.« Dieses Wort PLATONS sollten wir uns immer vor Augen halten. Wir können jedoch immerhin unsere Weltsicht erweitern und klar und richtig denken. Voraussetzung dafür ist jedoch, daß wir uns der spirituellen Geheimnisse des Universums innewerden.

Wenn Materie sich in Licht auflösen und Licht sich wiederum zu Materie verdichten kann, so ist das ein unwiderlegbarer Hinweis auf das Vorhandensein einer transzendenten Wirklichkeit jenseits der Erscheinungswelt. Der herausragende Kernphysiker MAX PLANCK stellte in diesem Zusammenhang fest: »Meine Forschungen auf dem Gebiet des Atoms haben in mir die Überzeugung gefestigt: Es gibt keine Materie als solche. Jegliche Materie entsteht und besteht nur dank einer Kraft, welche die kleinen Partikel des Atoms zum Schwingen bringt und sie zwingt, sich zu kleinen Sonnensystemen zu einen. Wir müssen im Hintergrund dieser Kraft einen bewußten und vernünftigen Geist vermuten.«

Die innere Realität des Universums enthüllt sich dem Suchenden nach und nach, aber wir dürfen nie vergessen, daß wir, um diese Wirklichkeit zu erfassen, frei sein müssen, um das Gesetz und die Prinzipien erkennen zu können, denen alles, was besteht, unterworfen ist. Wenn wir zu dieser inneren Gewißheit gelangt sind und uns diese bewußtgemacht haben, dann leben wir im Einklang mit dem Grund unseres Seins. Wir entdecken unser Selbst und sind der Welt gegenüber aufgeschlossen und offen.

Jeden Augenblick treten wir ja in eine neue Welt ein und lassen die alte zurück. Wenn wir uns dessen bewußt sind, so entledigen wir uns der Fesseln, die uns an die Vergangenheit ketten, und öffnen uns den neuen Eindrücken jedes Augenblicks. Wir werden dann in unserem Denken nicht mehr länger Gefangene der Erinnerung und konservativen Beharrens sein, das seinerseits nur wiederum Produkt unserer geistig-seelischen Trägheit ist und uns ein falsches Verhalten aufzwingt. Wir Menschen an der Schwelle des dritten Jahrtausends sollten begreifen, daß wir uns unserer seelischen und geistigen Begrenztheit entledigen müssen, damit die Schatten sich auflösen können, hinter denen wir uns vor uns selbst verbergen.

Wäre das nicht ein wahrhaft befreiender Aufbruch der Jugend des neuen Zeitalters?

KAPITEL 14

Autorität und Macht

Die Vision, daß in dieser Welt je eine ihrer Erkenntnis nach geistige Elite den ihr gebührenden Platz einnehmen werde, bedarf einer näheren Erläuterung.

Die Bühne ist leer, und es werden die geeigneten Schauspieler gesucht, die sie mit Leben erfüllen können. Vielleicht suchen wir nicht gründlich genug oder auch am falschen Ort. Oder vielleicht suchen wir auch gar nicht richtig, sondern warten nur ab. Erwartung verleitet zu Trägheit und Gleichgültigkeit, besonders wenn man nicht weiß, wie man sein Ziel erreichen kann und wo man anfangen soll.

Eines ist jedoch gewiß. Wenn die Herabsetzung aller überkommenen Werte und die menschliche Entwürdigung in dem bisherigen Ausmaß weitergetrieben werden, so droht unserer Kultur das Ende. Die Überbewertung der Sexualität, die Ausbreitung der Drogen und die bis zum Exzeß getriebene Zügellosigkeit, die man Freiheit nennt und zum Vorrecht der Jugend unserer aggressiven Zeit erklärt – sie führen unerbittlich in den allgemeinen Zerfall. Hat es da noch der im Hochmut eines Buches vorgetragenen *Anleitungen zum Selbstmord* bedurft?

Ohne eine Neubesinnung, die sich jedoch nicht durch Verbote herbeiführen läßt, die ihrerseits nur unterdrücken, was aufgelöst werden muß, ist das Vermächtnis abendlän-

discher Kultur unwiderruflich gefährdet. Nur ein tieferes
Verständnis jener Gesetze, die in der lebendigen Natur walten und in denen sich eine höhere Ordnung des Lebens –
eine Ordnung, der wir alle unterstellt sind – widerspiegelt,
kann zu einem Umschwung führen.

Die notwendige Neubesinnung muß damit beginnen,
daß wir uns Rechenschaft über unsere Motivationen und
Interessen ablegen, damit an unserem geistigen Horizont
echte Lösungsmöglichkeiten auftauchen können. Das erfordert eine Klarheit, die – jenseits der äußeren Umstände –
die Wurzeln und Triebfedern unseres Verhaltens erkennt.

An die Stelle von Bitterkeit, Leere, enttäuschter Resigna-
tion und innerer Zerrissenheit müssen wir den Mut zur
Wahrheit und Pflichterfüllung setzen. Negative Emotionen
treiben die Menschen nur immer wieder in eine sinnlose
Flucht nach vorne, in eine krankhafte Zerstörungssucht,
die auch vor der Selbstzerstörung nicht haltmacht.

Die etablierten Demokratien unserer Zeit sind allesamt
mit Übeln behaftet, die bisweilen geradezu an die Mißstän-
de einer Diktatur denken lassen. Diese Übel zu überwinden
ist unsere erste Aufgabe. In einer demokratischen Gesellschaft der Zukunft müßte es möglich sein, Wählerstimmen
zu gewinnen, ohne zu demagogischen Mitteln, erlogenen
Rechtfertigungen oder der Methode der Verleumdung des
politischen Gegners greifen zu müssen. In einer solchen
Gemeinschaft wird man sich an einen Rat der Weisen wenden, dessen Mitglieder ohne Eigennutz für das Gemeinwohl arbeiten.

Etwas Vergleichbares hat es in der Vergangenheit schon
oft gegeben. Die ägyptische Theokratie hat dank einer solchen Verfassung Jahrtausende überdauert. Die Gemeinschaft der Amphiktyonen Griechenlands – eines aus Ange-

hörigen verschiedener Stämme und Staaten bestehenden Kultverbandes – ist ein weiteres Beispiel. Auch das japanische »Wirtschaftswunder« läßt sich, wenigstens teilweise, auf die Autorität ehemaliger Wirtschaftsführer zurückführen, deren Rat, auch wenn sie inzwischen im Ruhestand leben und öffentlich nicht mehr in Erscheinung treten, in jeder wichtigen Entscheidung zum Tragen kommt.

Die Anerkennung, die ein Mensch genießt, sollte daher in Beziehung stehen zu seiner Fähigkeit, dem Gemeinwohl zu dienen. Wenn diese Fähigkeit auf technischem oder wissenschaftlichem Gebiet liegt, sollte die Anerkennung auf diese Leistungen und ebenso die Zuständigkeit solcher technologischen Eliten auf diesen Bereich beschränkt sein.

Die Autorität einer geistigen Elite würde hingegen auf einer anderen Ebene in Erscheinung treten. Diese Menschen würden selbständig denken und sich niemals einer auf Theorien und philosophischen Systemen errichteten Ideologie unterwerfen und daher frei sein von Parteilichkeit und Interessenkollisionen. Das soll jedoch nicht heißen, daß die Bedeutung der Sachkenntnis technischer Fachleute für unser technisch-wissenschaftliches Zeitalter zu unterschätzen sei. Ganz im Gegenteil: sie müßten die ihnen angemessenen Aufgaben erfüllen und ihre Autorität entsprechend ihren Fähigkeiten zur Geltung bringen.

Die Eliten des Fachwissens sollten sich, je nach Qualifikation, in Gruppen organisieren, jedoch nicht etwa in der Art einer Gewerkschaft, die einen völlig anderen Zweck hätte, sondern eher in Gremien, in denen die Lage überdacht und Maßnahmen erwogen würden. Im Gespräch zwischen diesen Gremien würde sich dann herauskristallisieren, welche Maßnahmen zur Sicherung des Gemeinwohls notwendig sind.

Aus den einzelnen Gremien, aber auch interdisziplinär ließen sich Sachverständigenkollegien bilden, um die Regierenden in administrativer, wirtschaftlicher, kultureller, künstlerischer und politischer Hinsicht zu beraten. Auf diese Weise würden die Politiker über unschätzbare Entscheidungshilfen verfügen.

Das bis hierher Gesagte ist nur eine grobe Skizze. Aber es wirft bereits wichtige Fragen auf: Wie erkennt man elitäre Menschen? Woran erkennt man eine Elite? Was rechtfertigt überhaupt diese Bezeichnung?

Eine Elite erkennt man, wie gesagt, nicht an Titeln und Diplomen. Jenseits der Fachkenntnisse ihrer Repräsentanten verkörpert sich in einer Elite ein Verständnis, das über die zur Bewältigung alltäglicher oder fachlicher Probleme notwendigen Kenntnisse weit hinausgeht. Typisch für einen elitären Menschen ist seine Fähigkeit, den Menschen in all seinen Lebensäußerungen zu begreifen und sich mehr für die allgemeinmenschlichen als für zweckdienliche, bedürfnisorientierte Belange zu interessieren.

Eine Auffassungsgabe, die es ihm ermöglicht, sich allen Gegebenheiten anzupassen, bewegt ihn dazu, sich in den Dienst der Menschheit zu stellen und an der Verbesserung der allgemeinen Daseinsbedingungen mitzuwirken, die Mitmenschen zu ermutigen und ihnen neue Verhaltensmöglichkeiten aufzuzeigen.

Ein Mensch wahrhaft elitärer Qualitäten ist sich bewußt, daß jedes Einzelproblem in einen größeren Zusammenhang eingebettet ist. Er wird daher versuchen, alle, die zur Lösung des Gesamtproblems beitragen können, zusammenzuführen. Er wird sie nicht auswählen, um ihre Bewunderung oder Ergebenheit zu gewinnen, sondern er wird sie zur Mitwirkung nach Maßgabe ihrer Fähigkeiten und ihrer geistigen Bereitschaft ermutigen. Seine innere Ausgeglichenheit wird ihn davor bewahren, nur seinen eigenen Vorteil im Auge zu haben, wie es bei Menschen der Fall ist, die ausschließlich von ihren persönlichen Interessen geleitet sind.

Da die Entwicklung seiner menschlichen Fähigkeiten sein Hauptanliegen ist, wird er sich den wechselnden Bedingungen des Lebens anpassen, um in jedem Augenblick, in klarer Erkenntnis der Bedingungen, die eine freie Wahl ermöglichen, befähigt zu sein, die Mittel anzuwenden, die der Lösung eines gegebenen Problems angemessen sind. Da sich in unserer Welt des permanenten Wandels alles sehr rasch verändert, muß er alle Denkgewohnheiten ablegen, die seine Urteilskraft beeinträchtigen. Er muß ohne Unterlaß wachsam sein, sein Handeln den jeden Augenblick wechselnden Erfordernissen anzupassen.

Nur ein Mensch, der den die Sicht vernebelnden Schleier nationaler, sozialer, politischer und religiöser Vorurteile gelüftet hat, kann richtig sehen, richtig denken, richtig handeln. Seine Ausdrucksskala reicht von der ausgestreckten Hand über das Lächeln bis hin zur Strenge. Er ist an seiner Art, in der Welt effizient zu sein, erkennbar: er ist fähig, Lösungen für anstehende Probleme nicht nur zu finden, sondern auch durchzusetzen. Diese aus Erkenntnis und Erfahrung hervorgehende Art des In-der-Welt-Wirkens schließt das Verständnis für den Menschen und seine Probleme, die Fähigkeit, richtig zu entscheiden und zu handeln, ein, worunter auch die richtige Auswahl der Mitarbeiter zu verstehen ist.

Kompetenz flößt Mitarbeitern Vertrauen ein; Vertrauen wiederum veranlaßt diese, Entscheidungen zu akzeptieren, die aus einer gegebenen Situation heraus gerechtfertigt sind, und diese Annahme bewirkt ihrerseits spontane Unterstützung und folglich Freude an der Arbeit. Diese Freude fördert die Entfaltung all der Fähigkeiten, die zum Gelingen eines jeden Werkes notwendig sind. Auf diese Weise ist der Mensch elitärer Qualitäten ein Beispiel und Vorbild für all seine Mitmenschen.

Jeder von uns ist aufgerufen, sein Leben frei zu gestalten, vorausgesetzt, wir sind zielstrebig und lassen uns durch Hindernisse nicht beirren. Selbsterkenntnis ist unerläßlich, damit wir im Bewußtsein unserer Möglichkeiten und in Übereinstimmung mit unserer tiefsten Sehnsucht den Weg zu finden vermögen, den zu entdecken wir bestimmt sind. Haben wir diesen Weg einmal gefunden, müssen wir ihn mit aller Entschiedenheit verfolgen.

Von Anfang an aber ist es notwendig und wichtig, daß wir unsere Fähigkeiten der äußeren und inneren Wahrnehmung entwickeln. Dem dient die Askese, die, richtig verstanden, weder ein Zwang noch eine Buße ist; sie ist vielmehr als eine Art Exerzitium zu sehen, das uns zur Entfaltung der in uns schlummernden Fähigkeiten und Kräfte verhilft.

KAPITEL 15

Die Erfahrung richtig verstandener Askese

Eine Gesellschaft, die sich der nivellierenden Erniedrigung und der zum Problem gewordenen Entwürdigung des Menschen nicht widersetzt, kann schwerlich vorgeben, sie fördere die geistig-seelische Entwicklung ihrer Mitglieder und die ewiggültigen Werte der Menschheit. Dennoch gibt es Anzeichen dafür, daß immer mehr Menschen unserer Gesellschaft auf der Suche nach einer neuen Geistigkeit sind.

So praktizieren heutzutage zahlreiche Menschen die unterschiedlichsten psychosomatischen Methoden, die zu veränderter und vertiefter Innenschau führen. Autogenes Training, Psychotraining, Yoga, Zen, Meditation – das diesen Methoden Gemeinsame besteht in Übungen, die gemacht werden, und das ist auch das Wesentliche richtig verstandener Askese. Das aus dem Griechischen stammende Wort »Askese« bedeutete ursprünglich einfach »Übung«, erst im Laufe der Zeit nahm es dann die Bedeutung körperlich-geistiger »Läuterung« an.

Es ist unvermeidlich, daß manche Menschen auf Abwege geraten, wenn sie Übungen wählen, die ihnen nicht entsprechen, oder sie nur machen, um derart Vorteile auf rein physisch-materieller Ebene zu erzielen. Doch auch in solch einseitiger Strebung kommt die Sehnsucht nach einem anderen Leben zum Vorschein.

Die spezifisch christliche Interpretation des Begriffs der
Askese hat dazu geführt, daß im abendländischen Schrift-
tum die ursprüngliche Bedeutung des Wortes mehr oder
weniger verlorengegangen ist. In allen christlichen Konfes-
sionen versteht man unter Askese ein glorifiziertes Leiden,
das dem Individuum als Verdienst angerechnet wird. Ein
im Sinn von »enthaltsam« asketisches, der Betrachtung
Gottes gewidmetes Leben verheißt nach christlicher Lehre
dem Menschen die ewige Glückseligkeit. Diese Auffassung
vom erlösenden Wert des Erduldens von Schmerzen hat
immer wieder Menschen, die zu wahrer Geistigkeit gelangen wollten, dazu veranlaßt, ganze Stufenleitern körperli-
cher und seelischer Selbstkasteiungen auf sich zu nehmen.

Solche Praktiken führen ganz gewiß zu Geduld und Ab-
härtung, jedoch auch zum Wunsch nach immer härteren
Bußübungen, mit denen die Berufung und die aufrichtige
Sehnsucht nach Gott auf die Probe gestellt werden kann.
Permanentes Fasten, abstoßende Kost, rauhe, kratzende
Kleider, extreme Kälte oder sengende Hitze sind nur ein
paar Beispiele derartiger asketischer Selbstkasteiungen.

So gesehen ist die Askese eher den Bemühungen der Stoi-
ker nahe, die zu Selbstbeherrschung und Charakterfesti-
gung führen sollen. Solche Praktiken verfeinern jedoch
nicht die Wahrnehmungsfähigkeit, noch sind sie der erstre-
benswerten Öffnung des Geistes und der Seele förderlich.
Derartige Qualitäten lassen sich nicht durch stoisch ertrage-
ne Selbstkasteiungen aneignen.

Da der geistig interessierte Mensch von seinem Körper
aus tätig werden soll, ist alles, was die körperliche Gesundheit und das Wohlbefinden beeinträchtigt, zu vermeiden.
Bestimmte Begabungen und Fähigkeiten lassen sich zwar
durch gewaltsame Übungen antrainieren, aber die Offen-

barung des Genius, die Erweckung schlummernder geistig-
seelischer Fähigkeiten oder gar innere Erleuchtung lassen
sich nicht durch Praktiken herbeiführen, die der Suche
nach harmonischer Geistigkeit widersprechen. Das soll jedoch nicht heißen, daß körperliche Ertüchtigung und
Selbstbeherrschung keine Berechtigung hätten, aber die ge-
wählten Übungen sollten die Entfaltung aller Anlagen fördern. Ein gesunder, kräftiger Körper ist dafür die beste
Voraussetzung.

Der bewußte Mensch, der seine geistige Suche wie auch
sein Leben würdig gestalten will, darf sich, für welchen
konkreten spirituellen Weg er sich auch immer entscheiden
mag, niemals von falschen Versprechungen, die ein schnel-
les Vorankommen verheißen, verblenden lassen. Zu viele
Fallstricke liegen bereit, seine Begeisterung zu bremsen und
sein psychisches Gleichgewicht zu stören.

Allzuoft werden gute Absichten durch die Anwendung
falscher Methoden zunichte gemacht, weil von vornherein
der Weg der Illusion beschritten wurde. Übungen, die man
sich auferlegt, sollten nicht zu einer mechanisch wiederhol-
ten Gewohnheit herunterkommen. Auf geistiger Ebene wie
auch im Alltagsleben sind starre Gewohnheiten nur Hindernisse.

Die eigene Persönlichkeit auf der Basis gewohnheitsmä-
ßiger Routine umgestalten zu wollen ist gefährlich, denn sie
verhindert gerade die geistig-seelische Offenheit, die zur
Überwindung der Ich-Schranken notwendig ist.

Jede Form wahrer Askese sollte zu einer Identifizierung
mit der Welt und zum Verständnis ihrer wesenhaften Einheit führen, die nur jenseits aller rationalisierenden Vorstellungen, Meinungen oder Voreingenommenheiten erkannt
werden kann. Diese Identifikation erfordert die Aufgabe

jeglicher egozentrischen Haltung, die uns von der Umwelt isoliert. Diese Ich-Schranken aufzulösen ist das erklärte Ziel einer ganzen Reihe von Techniken geistig-seelischer Selbstentfaltung.

Solche Techniken sind um so geeigneter, als sie zu einer Aufgabe der Ich-Widerstände beitragen, aber nur der gesunde Menschenverstand vermag zu entscheiden, welche Techniken im Einzelfall unter den konkreten körperlichen Bedingungen die spirituellen Entfaltungsmöglichkeiten eines Menschen am meisten fördern. Die Wahl ist um so schwieriger, als man sie treffen muß, bevor man noch eigentlich weiß, was mit der angestrebten Geistigkeit genau gemeint ist.

Voreingenommenheiten, vorgefaßte Überzeugungen, der Wunsch, schnell voranzukommen, die Illusion, auserwählt zu sein, und die Berufung auf den sogenannten glücklichen Zufall – eine bequeme Umschreibung für die oft irrige Annahme, von einer höheren Macht geführt zu werden, anstatt zu erkennen, daß unvorhergesehene Ereignisse noch lange keine Schicksalswinke sind – all diese Faktoren haben Fehleinschätzungen zur Folge.

Der erste Schritt auf dem Weg geistiger Askese besteht daher darin, solche Fehleinschätzungen zu durchschauen und Glaubensmeinungen, die nicht den Tatsachen entsprechen, über Bord zu werfen. Der zweite Schritt besteht darin, Fehler einzugestehen, falls solche unterlaufen sind. Wer an seinen Irrtümern festhält, beweist damit einen Mangel an Vernunft, die gebietet, sich von allen instinktiven, emotionalen und intellektuellen Prägungen zu befreien.

Wir können jedoch auch unverantwortlich handeln, indem wir unser Verhalten mit der Verehrung eines Menschen, unserem Wunsch nach Zustimmung oder unserem

Glauben an die angeblichen Verdienste eines andern rechtfertigen. In solchen Fällen versuchen wir, uns selbst davon zu überzeugen, daß unsere Entscheidungen richtig sind, und schalten jegliche Selbstkritik aus, die uns vor schwerwiegenden Irrtümern bewahren könnte.

Jede Fehleinschätzung einer Situation erzeugt Angst, und es ist nur allzu verständlich, daß wir dieser Angst entkommen möchten. Dennoch ist es ein Zeichen von Unreife, wenn wir auf Ausflüchte zurückgreifen und nicht bereit sind, den Rat jener anzunehmen, die uns vor Fehlern warnen könnten.

Natürlich sollte man einen Rat nicht blindlings annehmen, sondern nur wenn man sich in jedem Einzelfall davon überzeugt hat, daß er mit einem eigenen, vielleicht bisher unterdrückten Gefühl übereinstimmt.

Ein Mensch, der sich rechtfertigen will, sucht und findet Argumente für eine überzeugende Selbstverteidigung. Ein solches Verhalten behindert jedoch die Selbsterkenntnis und somit die Erweckung einer Bewußtheit, die die Dinge so sieht, wie sie sind. Wer sich dem entzieht, dem mangelt auch die Bereitschaft, die Konsequenzen eigener Entscheidungen zu übernehmen.

Wahre Askese sollte für den, der sie praktiziert, keinen Zwang darstellen, da die freiwillige Unterwerfung unter einen Zwang nur die Eitelkeit nährt. Wer das tut, lebt dann in dem Gefühl, er erwerbe sich Verdienste oder Macht, und schwelgt in diesem Gefühl. Machtausübung ist aber nur dann gut, wenn ihr ein Handeln erfließt, das menschlichem Fortschritt dient. Nur dann gedeiht sie zur Freude, und Freude ist ein Geschenk des Lebens, nicht selbstischer Genußsucht. Genußsucht – gemeint ist die im weitesten Sinn, also beispielsweise auch Herrschsucht – behindert den Su-

chenden, zum Einklang mit sich selbst und seinem inneren
Sehnen zu finden. Erkenntnis löst alle Schlacken einer hab-
gierigen Persönlichkeit, die lediglich zu genießen trachtet,
auf. Genußsucht aber ist ihr größtes Hindernis.

So ist denn die Auflösung aller dem Individuum eigenen inneren Beschränkungen die Grundlage menschlicher Würde, ja die Entscheidung für die Freiheit. Um der Wahrheit
nahezukommen, muß man frei sein. Wahrheit ist ein innerer Wert, der sich jeglicher Beschreibung entzieht. Die Erkenntnis der Wahrheit fällt in eins mit der Wahrnehmung
dessen, was »ist«. Emotionen und Illusionen blockieren die
innere Wahrnehmung, die, jenseits des durch die Sinne Erfahrbaren, unbeeinflußt von Meinungen oder Vorurteilen
das Wesentliche erkennt. Solche Blockierungen aufzulösen
ist das Ziel aller Übungen, die die geistig-seelische Entfaltung des Menschen fördern. Sie verlangen von jenen, die sie
anwenden, daß sie geistig völlig anwesend sind, frei von
jeglicher Voreingenommenheit, allen Klischees und Glaubensmeinungen, und sich in ihrem Verhalten den Bedingungen des Augenblicks anpassen, und sie führen zu einem
Zustand, der durch eine sich stets erneuernde Bewußtheit
des Augenblicks gekennzeichnet ist.

In diesem Zustand ist der Mensch nicht mehr von dem
Wunsch besessen, ein bestimmtes Ziel zu erreichen; er ist
nicht in Gefahr, sich dem Trugbild der Wunscherfüllung
hinzugeben oder in seiner hellsichtigen Wachheit nachzu-
lassen. Seine ständig sich erneuernde Augenblicksbewußt-
heit löst alle Begrenzungen und Hindernisse auf, die sich
einer Erweiterung seines Bewußtseins entgegenstellen
könnten. Befreit von Bindungen an Vergangenheit oder
Zukunft, handelt er im Jetzt absoluter Gegenwart. Die ewi-

ge Gegenwart ist innen und außen zugleich. Sie entspricht der Wahrheit des Augenblicks, in welcher die Beziehungen zwischen den drei Ebenen unserer Existenz – der körperlichen, der seelischen und der geistigen – aufleuchten.

Nur eine so verstandene Erfahrung der Askese macht uns frei, bewußt und würdig, unsere Berufung anzunehmen. Sie ist nicht an einem bestimmten Ziel orientiert, aber sie führt uns auf den Weg der Vollendung. Auf diesen Weg gelangen wir jedoch nicht durch einen beliebigen Willensentschluß, sondern aufgrund eines tiefverwurzelten Gefühls, das uns bestimmt, eine bestimmte Richtung einzuschlagen, von der wir, noch bevor wir es verstehen, intuitiv erfaßt haben, daß sie die einzig richtige ist.

Die menschliche Berufung kommt einer Verpflichtung gleich, die, wenn wir sie voll annehmen, unseren Körper in einen getreuen Diener verwandelt, der ein von Liebe getragenes Verständnis zum Ausdruck bringt, das ein Band der Brüderlichkeit knüpft zwischen allen Wesen dieser Welt, den Dingen, den Menschen und dem gesamten Universum.

KAPITEL 16

Sachkenntnis und Erkenntnis

Angesichts der gegenwärtigen Entwicklung und der von der Vernunft gebotenen geistigen Anpassungsfähigkeit, die sie erfordert, erweist sich eine weltweite Reform der Regierungs- und Gesellschaftsformen als unumgänglich notwendig.

Wer, wenn nicht das Abendland, wäre eher aufgerufen, die notwendigen Schlußfolgerungen zu ziehen und geeignete Maßnahmen zur Überwindung der gegenwärtigen Krise, wenn schon nicht durchzuführen, so doch in Vorschlag zu bringen? Wenn wir dem zustimmen und uns mit vereinten Kräften ans Werk machen, so könnte die Welt über kurz oder lang anders – und schöner – aussehen.

Zur Zeit wird mehr denn je geredet, und so manches Wort ist sinnentleert. Man spricht von Demokratie und interpretiert den Begriff reichlich konträr. Der Begriff entstammt dem Altgriechischen, von *demos*, »Volk«, und *kratos*, »Herrschaft« oder »Macht«. Das Volk, also die Masse, hat, kann man wohl sagen, heute zwar die Macht, aber es mangelt ihren Vertretern an Autorität. Das heißt, daß alle in Führungspositionen hineingewählten Machthaber sich eine falsche Autorität anmaßen und, was danach kaum noch überrascht, das Wesen der Demokratie ganz nach Lust und Laune auslegen und handhaben.

Die Welt tritt jedoch, wie viele Anzeichen beweisen, allmählich in eine neue Ära des Geistes und der Vernunft ein.

Die Sphäre des Geistes steht allen Menschen offen, die sich ihrer Grundbestimmung bewußt sind. Solche Menschen leben im Zustand des Seins und verzichten auf die Attribute äußerer Macht. Ihnen ist auch klar, daß die notwendigen Reformen von einer Vernunft getragen sein müssen, die frei ist von willkürlich interpretierten oder falschen Begriffen und ideologischen Verzerrungen.

Im Namen von Ideologien bekämpft man einander; in ihrem Namen explodieren Bomben und töten Menschen, die mit den Ursachen des Terrors nichts zu tun haben. Rechts- und Linksterrorismus unterscheiden sich nur dem Namen nach, und die Linke ist letztlich nicht weniger konservativ als die Rechte. Was beide Seiten »konservieren«, sind Argumente, die einer toten Vergangenheit angehören. Man klammert sich an sie, weil man um jeden Preis recht haben und sein Gewissen an der Illusion beruhigen will, daß man einer guten Sache dient – die »zufälligerweise« jedoch immer die eigene ist.

Obwohl es gewiß nicht leicht ist, tiefverwurzelte Gewohnheiten aufzugeben, ist genau das unabdingbar nötig, wenn wir in einer harmonischen Umgebung leben wollen, in der sich unsere individuellen Fähigkeiten in einer menschlichen Gemeinschaft entfalten können. Menschliche Qualitäten sollten die einzigen Bausteine sein, aus denen wir das Gebäude einer menschenwürdigen Gesellschaft errichten.

Daher müssen wir die Voraussetzung dafür schaffen, daß der Mensch – also wir alle – auf natürliche Weise seine Leistungsfähigkeit der Gesellschaft, in der er lebt, zur Verfügung stellen kann, da er ohne die Gesellschaft nicht existieren kann. »Eine Gemeinschaft wird ins Leben gerufen infolge des Unvermögens des einzelnen, sich selbst zu genügen, und seiner unstillbaren Bedürfnisse«, sagte SOKRATES.

Leistungsfähige Mitglieder der Gesellschaft müssen zuallererst einmal sachkundig in ihrem Beruf, ihrem Gewerbe oder Handwerk sein, und das erfordert einen aufgeschlossenen Sinn, Initiative und Solidarität. Mit Fleiß und Bemühungen läßt sich die fachliche Kompetenz vervollkommnen. Sie erleichtert dem einzelnen die Integration in die Gemeinschaft. So vollzieht sich auch der Weg, der von fachlicher Kompetenz zu spiritueller Erkenntnis führt. Wer ihn durchschritten hat, ist dazu aufgerufen, seine Autorität im Herzen und zum Wohl einer Gemeinschaft auszuüben, die diese Autorität anerkennen wird, da sie dem Besten der Gemeinschaft dient.

Gewiß besteht ein großer Unterschied zwischen Theorie und Praxis. Dennoch ist es nicht ohne Nutzen, die Vorzeichen einer Welt zu erkennen, die brüderlicher und offener sein wird. Das lohnt sich, und sei es auch nur, um uns die Notwendigkeit bewußtzumachen, uns von den Fesseln falscher Begriffe zu befreien und einen neuen Kurs einzuschlagen. Man kann sich nicht zufriedengeben, zwischen Backbord und Steuerbord hin- und herzulaufen. Unter Umständen muß man sogar sein Schiff wechseln.

In einer abgestumpften Welt kann eine Zivilisation nicht gedeihen, und wir leben in einer abgestumpften Welt, solange wir nicht zwischen Macht und Autorität zu unterscheiden wissen und sie daher ihrem Wesen nach verkennen.

Eine solche Welt der Abgestumpftheit bietet unseren physischen, psychischen und geistigen Bestrebungen keinen geeigneten Rahmen. Sie kann nur die Bühne endloser

Kämpfe sein, die unter sozialen oder politischen oder welchen Vorwänden immer geführt werden.

Wir müssen daher zunächst einmal jedem Menschen eine Daseinsmöglichkeit zuerkennen, die es ihm gestattet, in Würde so zu sein, wie er wirklich ist.

Wir brüsten uns mit einer Technik, die fähig ist, eine wachsende Zahl elektronischer wie auch mechanischer Bauelemente immer mehr zu verkleinern, und wir sehen dafin zu Recht einen Fortschritt. Verlangt wahrer Fortschritt nicht auch, daß wir unsere wirtschaftlichen und industriellen Einheiten kleiner und überschaubarer machen? Wenn uns das gelänge, so würden persönliche Initiative, zwischenmenschliche Beziehungen und Erfindergeist aufblühen. Die heute fehlgeleitete Macht der Interessenverbände würde dann in neue Kanäle gelenkt werden und sich konstruktiv und natürlich – anstatt durch wie immer subtile Gewaltanwendung – zur Geltung bringen. Dann wären Leistungsfähigkeit und Effizienz nicht mehr in erster Linie Ergebnis einer starren Scheinrationalität, sondern wahrer menschlicher Kreativität.

Unter solchen Lebens- und Arbeitsbedingungen wäre es das Hauptanliegen der Führungskräfte, die allgemeine Kreativität auf einem möglichst hohen Niveau zu halten, da sie dafür verantwortlich wären, die Bemühungen aller zu koordinieren, um derart den Geist der Zusammenarbeit und wechselseitiges Vertrauen zu fördern, Eigenschaften, die durch die Entfaltung bisher ungenutzter Fähigkeiten noch zusätzlichen Auftrieb erhalten würden.

Diese Entwicklung hat schon begonnen. Die Aufteilung großer Wirtschafts- und Produktionseinheiten in überschaubare Einzelzellen gehört in den USA und in Japan schon zum Alltag, und diese Tendenz wird nicht mehr rückgängig zu machen sein. Selbstverständlich bedarf die Mitwirkung einer Gruppe von Menschen an einer bestimmten Aufgabe der richtigen Einschätzung der Arbeit des einzelnen und der Gesamtheit. Jeder einzelne muß seine Arbeit in das Ganze einbringen, und der Zweck des Ganzen muß klar sein.

Das neue Zeitalter wird sich von dem gegenwärtigen durch eine neue Wertordnung unterscheiden. Die Vernunft wird an die Stelle des heute noch üblichen rein abstrakten intellektuellen Denkens treten. Der in den Grenzen seiner intellektuellen und ideologischen Überzeugungen gefangene Mensch, der sich durch diese Verengung eine scheinbare Überlegenheit sichern will, wird einem neuen Menschentypus weichen, der in seiner Wahrnehmung und seinem Verhalten auch der Intuition Raum gibt. Er kann daher sein Verhalten auf die Umstände des Augenblicks spontan abstimmen und im Einklang mit einer lebendigen Vernunft handeln, dank deren er dem von ihm intuitiv Erfaßten Ausdruck geben kann.

Eine sich so ständig erneuernde Vernunft führt zu einem gesunden und schöpferischen Pulsschlag der Zeit. Die ihrer Sachkenntnis und Erkenntnis nach elitären Menschen werden diese Entwicklung verantwortungsbewußt und nach besten Kräften fördern, so daß die Exponenten gesellschaftlicher, politischer und wirtschaftlicher Macht nicht umhin kommen werden, die Ansichten solcher ausschließlich dem Gemeinwohl dienenden Autoritäten zu berücksichtigen und ihnen offiziell eine beratende Funktion einzuräumen.

Auf wissenschaftlicher Ebene wird dann die Suche nach dem »Wahren« den ersten Rang einnehmen, in geistig-ethischer Hinsicht werden unsere innersten Strebungen sich dem »Guten« angleichen, und im ästhetischen Bereich wird uns die Kunst das »Schöne« und den Einblick in die höhere Wirklichkeit vermitteln. Diese Realität unterscheidet sich kaum von jener, die uns die Religionen offenbaren, wenn man unter Religion im ursprünglichen Sinn des Wortes das Band versteht, das die Menschen jenseits aller konfessionellen Dogmen und Auslegungsstreitigkeiten miteinander verbindet.

Im Zusammenhang mit der Kunst sei noch erwähnt, daß in ihr eine Grundwahrheit zum Ausdruck gelangt. Das Kunstwerk ist ein Sinnbild der Harmonie und dient daher dem Verstehen und der Erbauung. Im alten Ägypten galt die Versenkung in ein Kunstwerk als ein religiöser Akt. Erhabenes läßt sich nur in der Kunst darstellen, weil nur sie unsere Seele erreicht und zum Ausdruck bringt, was die Seele »weiß«. Daher ist auch die Fähigkeit, wahres Leben zum Ausdruck zu bringen, erhabene und höchste Kunst.

Wenn Wirtschaft, Politik und das gesellschaftliche Leben insgesamt zu einem Fundament solchen Ausdrucks werden sollen, in dem als Spiegelung der höheren Ordnung Harmonie und Friede herrschen, muß der von den Fesseln der Leidenschaften und Vorurteile befreite vernunftbegabte Mensch der Elite bereit sein, den ihm angemessenen Platz einzunehmen. Wenn genügend Menschen ihr Bestes im gemeinsamen Wirken vereinen, so wird das Wunder einer wahren »Renaissance« stattfinden und das Vermächtnis der abendländischen Kultur sich erfüllen.

KAPITEL 17

Wissenschaft und Metaphysik

Die Schaffung einer Zivilisation der Brüderlichkeit ist der Auftrag der abendländischen Kultur. Eine solche Zivilisation muß jedoch auf ein Weltbild gegründet sein, in dem alle Vordringlichkeiten unserer Zeit den ihnen gebührenden Platz finden, das jedoch auch das in unsere Erfahrung eingegangene historische Erbe der Menschheit nicht vernachlässigt.

Der durch die wissenschaftliche Forschung geweckte Fortschrittsgeist kann nur auf dem Boden der ewigen Weisheit wahrhaft erblühen. Nur sie gestattet eine permanente Erneuerung des Ausdrucks menschlicher Erfahrung im Geschichtsprozeß.

Die technischen Errungenschaften, die das Dasein der Bewohner dieses Planeten so radikal verändert haben, müssen daher, wie es diese Weisheit gebietet, dem Wohlbefinden des Menschen dienen.

In dem heraufziehenden Zeitalter kommt dem weiblichen Geschlecht ganz gewiß eine dominierende Rolle zu, vorausgesetzt allerdings, daß die Frauen nicht in den Spuren der Männer wandeln, sondern, im Gegenteil, ihre weibliche Intuition und Inspiration zur Entfaltung bringen, Fähigkeiten also, durch die sowohl bei Männern als auch bei Frauen der kreative Aspekt des Ewigweiblichen zum Ausdruck kommt. Inspiration und Intuition sollten ein Gegengewicht zu unserem überentwickelten Intellekt bilden, der nichtsdestoweniger von eminenter Bedeutung ist, solange man sich von ihm nicht beherrschen läßt.

Auf der Basis eines harmonischen Gleichgewichts zwischen unseren rationalen und unseren intuitiven und inspirativen Fähigkeiten läßt sich die Vereinigung unserer »doppelten« Natur herbeiführen, so daß wir im vollen Bewußtsein des Rhythmus des Lebensprozesses, der Erfordernisse der Zeit und unserer eigenen – begrenzten – Möglichkeiten am großen Werk des Fortschritts teilnehmen können. Wenn wir uns von allen Konditionierungen und ebenso von der Angst befreit haben, die aus dem Haften an Regeln, Begriffen und Dogmen erwächst, so werden wir als bewußte und denkende Menschen das Wesentliche erkennen und der Wahrheit des Augenblicks vertrauen.

In diesem Vertrauen vollzieht sich ein metaphysischer Akt, der die Schranken der Begriffswelt auflöst und eine psychisch-chemisch-biologische Wandlung einleitet, die uns Aufschluß über den Sinn unserer Erdenreise gibt. Wenn dies geschieht, räsonieren wir nicht lange, sondern erfassen das Augenscheinliche mittels einer uns bis dahin verborgen gebliebenen Fähigkeit. Wir bewegen uns im Bereich der Metaphysik, der Lehre von den letzten Gründen oder den ersten Ursachen unseres Seins. Nur aufgrund des Verständnisses dieser Ursachen läßt sich, getragen von der Ruhe des Herzens, ein Bewußtsein entfalten, in dem das, was gerade »ist«, wahrgenommen werden kann.

Meditieren, ganz gleich in welcher Form oder in welchem Ritus, ist geeignet, dieses Bewußtsein zu erweitern. Der Mensch meditiert seit Urzeiten. Meditation ist zweifellos mehr als eine einfache Übung der Stille. Sie ist ein Vorgang der Innenschau, bei der der Mensch seiner im Gleichklang des Kosmos schwingenden Seele und durch sie des Wesentlichen gewahr wird. Das sagt uns mit anderen Worten auch die Botschaft des *Evangeliums*, daß nämlich das Himmelreich in uns und nur der Liebe zugänglich sei.

Liebe ist das Verständnis dessen, worum es wesentlich geht, sie ist Ausdruck der Seele und Einsicht der Vernunft.

Es gab eine Zeit, da die Grenzen zwischen Theologie, Philosophie und Naturwissenschaft nicht klar gezogen waren. Heute müßte man diese Bereiche neuerlich miteinander verbinden, da die verschiedenen Wissenszweige nur auf unterschiedliche Aspekte einer einzigen Realität verweisen.

Die Auflösung der Materie in Elemente, Partikel und Energien hat weder das Rätsel des Ursprungs der Erscheinungswelt noch das Mysterium unserer Existenz gelöst, und das trotz der zunehmenden gegenseitigen Durchdringung von Physik und Metaphysik. Für MAX PLANCK ist Gott der Schöpfer einer Ordnung, die sich in jedem Atom widerspiegelt. Andere, nicht weniger bedeutende Physiker sprechen von einem Ursprung des Universums, der sich mit den Mitteln der Physik nicht beschreiben läßt. ALBERT EINSTEIN zufolge sind die Elementarpartikel, also die Bausteine der Materie, nur Regionen, in denen das raumzeitliche Kontinuum eine besondere Krümmung annimmt. Diese Aussage übersteigt alle Vorstellungskraft.

Andere Wissenschaftler und Philosophen haben auf andere Weise das gleiche gesagt. Im achtzehnten Jahrhundert erklärte der englische Erzbischof und Philosoph GEORGE BERKELEY, daß das Firmament wie alles, was die Erde schmückt, nur in unserem Bewußtsein existiere und daß die scheinbar existierenden Dinge, solange sie nicht von einem Bewußtsein wahrgenommen werden, nicht bestehen, es sei denn im Meerbusen der Ewigkeit. Zweitausend Jahre vor ihm hatte DEMOKRIT bereits ähnliches behauptet.

In unserer Zeit ist die Trennung der Naturwissenschaft von der Philosophie und Religion nicht mehr gerechtfertigt, weil sie alle ins Metaphysische einmünden. Das Universum ist *eines*, die Wahrheit ist *eine*, die menschliche Überlieferung hat *einen* gemeinsamen Ursprung. Die Botschaften der großen Wissenden vor unserer Zeit unterscheiden sich nur infolge der Tatsache, daß sie auf dem Boden unterschiedlicher Kulturen verkündet wurden, und infolge der Fehldeutungen der Nachwelt, die sie verfälscht hat. BUDDHA, ZARATHUSTRA, KONFUZIUS, LAOTSE und PYTHAGORAS redeten und lehrten zwar in verschiedener Weise, ihrer aller Sprache aber war die der Wahrheit.

Diese erleuchteten Wissenden gingen dem Wirken JESU voraus, dessen Opfertod die menschliche Überlieferung mit der Aura einer Liebe verklärt hat, mit der der Welt die einende Kraft aller Menschen verkündigt wurde.

Wir sollten unser heute so hochentwickeltes Wissen dazu benutzen, den Sinn des vergänglichen und sich doch stets in neuem Leben erweisenden Daseins des Menschen auf Erden zu ergründen. Die Erforschung seiner Irrwege würde zweifellos zum Verständnis wesentlicher Wahrheiten und zur Erkenntnis des Lebensgesetzes führen, dem wir uns in Weisheit unterstellen sollen.

Wissen allein ist steril und fruchtlos. Erst wenn Verstehen hinzutritt, entsteht in den zwischenmenschlichen, sozialen und politischen Beziehungen eine Ordnung, in der sich die transzendente Harmonie der höheren Wirklichkeit auf irdischer Ebene widerspiegelt. Im Zeichen einer harmonischen Ordnung ist die Weiterentwicklung des über Jahrtausende gewachsenen Abendlandes in den kosmischen Evolutionsplan eingezeichnet.

Man kann, ohne zu übertreiben, behaupten, daß es ROGER BACON war, der den wissenschaftlichen und technischen Aufschwung des Abendlandes einleitete, indem er eine neue Methode der Beobachtung und Forschung entwickelte. Der englische Theologe und Naturphilosoph mit dem Beinamen »Doctor mirabilis«, des »bewundernswürdigen Lehrers«, war gewiß der größte Wissenschaftler des dreizehnten Jahrhunderts. Er studierte in Oxford und Paris Mathematik, Astronomie, Philosophie, Medizin, Physik und Chemie, was ihn jedoch absolut nicht daran hinderte, auf experimentellem Weg den Stein der Weisen zu suchen.

In seiner fortschrittlichen Gesinnung stellte er die sogenannten »Universalien«, also die Allgemeingültigkeit von Aussagen, in Frage und befreite sich damit von der restriktiven Interpretation der Lehren des ARISTOTELES; er feierte enthusiastisch die »Scientia experimentalis«, die er zu einem dynamischen und wirksamen Instrument der Erkenntnis machen wollte. Seine Lehren gerieten in Widerspruch mit der scholastischen Lehrmeinung seiner Zeit. Er wurde der Magie, der Hexerei und der Beziehungen zum Teufel angeklagt. Dank dem Einschreiten des Papstes CLEMENS IV., eines seiner ehemaligen Schüler, konnte er jedoch seine wissenschaftlichen Arbeiten fortsetzen. Nach dem Tode seines Beschützers wurde er wiederum ins Gefängnis geworfen, aus dem er erst kurz vor seinem Tode entlassen wurde.

Seine erste Einkerkerung in einem Franziskanerkloster war rigoros. Als Kardinal GUIDO FULCODI, der spätere Papst CLEMENS IV., ehemaliger Sekretär LUDWIGS IX. und ein offener Geist, hörte, daß ROGER BACON wesentliche

Geheimnisse der Natur kenne und erstaunliche Entdeckungen gemacht habe, wollte er ihn kennenlernen. Das Oberhaupt des Franziskanerordens verhinderte jedoch die Begegnung. Der Mann war der Meinung, die Wißbegier des Gefangenen sei eine diabolische Einflüsterung. Daher suchte der Kardinal eine Mittelsperson. Er fand sie in dem Mönch RAYMOND LAON. Auf diesem Weg wurde der Kardinal mit den Arbeiten ROGER BACONS vertraut und erkannte ihre Bedeutung. Er wagte jedoch die Freilassung des Gefangenen erst zu verlangen, als er unter dem Namen CLEMENS IV. Papst geworden war.

Ein zusammengefaßter Überblick muß notgedrungen immer vereinfachend ausfallen. Begreiflicherweise kann hier nicht auf sämtliche Gedankenströmungen und -verästelungen, die die Entwicklung des wissenschaftlichen Denkens in Europa kennzeichnen, eingegangen werden; es genügt aber, einzelne Wendepunkte dieser Entwicklung hervorzuheben.

Es war ROGER BACON, der als erster die Ansicht vertrat, der Mensch solle seinen Wissensdrang jedem Bereich der Wirklichkeit zuwenden, der seiner Beobachtung und seinem Verständnis zugänglich sei. Er eröffnete damit den Weg, auf dem später RENÉ DESCARTES weiter fortschritt. Ob rational oder intuitiv Erkanntem Wahrheit zukomme, müsse, so lehrte er, anhand der Erfahrung überprüft und in jedem Einzelfall durch Beobachtung und Experiment bestätigt werden.

Weder ROGER BACON noch RENÉ DESCARTES noch ISAAC NEWTON zogen eine starre Grenzlinie zwischen Philosophie und Wissenschaft. Sie und auch so manche andere wollten eine Philosophie ins Leben rufen, die zwar auf Erfahrung basiert, die jedoch im Denken überschritten werden muß, wenn man zur Erkenntnis der Wahrheit gelangen will. Die Philosophie wurde auf diese Art selbst eine Wissenschaft, die der Erfahrung und der Vernunft.

Die von ROGER BACON gelehrte neue Erfahrungswissenschaft widersprach in keiner Weise der religiösen Sicht, die Gott über alles stellt, und das »Ora et labora«, also das »Bete und arbeite« der Alchimisten, blieb weiterhin Grundlage allen wissenschaftlichen Forschens, das dem Menschen gestatten sollte, im Prozeß der Entdeckung der Naturgesetze zugleich sein innerstes Wesen zu erkennen. Erkenntnis aufgrund innerer Erfahrung wird dem Menschen ROGER BACONS Lehre zufolge aufgrund göttlicher Erleuchtung jenseits dessen, was Beobachtung bestätigt, zuteil.

Später ändert sich die Situation. Viele Wissenschaftler maßten sich an, jegliche Spiritualität wie überhaupt alles Metaphysische in das Reich des Aberglaubens zu verweisen und als mit wissenschaftlicher Forschung unvereinbar abzutun. Große Geister wie FRANCIS BACON oder DESCARTES verfielen diesem Irrtum nicht; ebensowenig der große Mathematiker, Physiker und Astronom PIERRE SIMON LAPLACE.

FRANCIS BACON, Philosoph und Staatsmann, Minister der Königin ELISABETH I. von England, hat bereits im siebzehnten Jahrhundert gefordert, jeder denkende Kopf solle sich der Philosophie und den Wissenschaften gleichermaßen öffnen. Dieser Gedanke führte später zur Gründung der Königlichen Akademie der Wissenschaften in London.

Fahren wir jedoch etappenweise fort, ohne uns in Einzelheiten zu verlieren.

KAPITEL 18

Das Verlangen nach Sicherheit

Vor Beginn des gegenwärtigen Zeitalters, das in Zukunft vermutlich als das wissenschaftlich-technologische gelten wird, waren die Gelehrten zugleich Philosophen, Handwerker, Alchimisten, Astrologen und – warum auch nicht – Magier. Immerhin ist das Wort »Magie« mit der Sanskritwurzel *maj*, daß heißt »groß, erhaben«, verwandt.

Es handelt sich also um eine große beziehungsweise erhabene Wissenschaft, auf die sich Astrologen, Wunderheiler, Alchimisten und andere Magier stützten. Die Verfahren, mit denen sie arbeiteten, und ihr Geheimwissen entnahmen sie uralten Texten, die verlorengegangen und nie wieder aufgetaucht sind. Obwohl solches Geheimwissen nur mehr oder weniger wissenschaftlich fundiert war, vermittelte es dennoch eine erstaunliche Kenntnis der Naturgesetze und ihrer praktischen Anwendung. Die Wissenden jener vorwissenschaftlichen Zeiten, die auf den verschiedensten Gebieten wirkten, gehörten meist als Eingeweihte Geheimbünden an und waren zur Geheimhaltung verpflichtet, jedoch weniger aus Konkurrenzgründen als aus ethischen oder geistigen Motiven. Die Menschheit war damals noch nicht auf der heutigen Entwicklungsstufe, wo weitverbreitetes Wissen und hochentwickelte Technologien Voraussetzung für jeden künftigen Fortschritt sind.

Erst seit dem Beginn des siebzehnten Jahrhunderts findet allmählich der Übergang von einer agrarisch-handwerklich strukturierten zu unserer heutigen wissenschaftlich-technologischen Gesellschaft statt. Erst seither kam, wie bereits gesagt, die Forderung auf, daß »jeder denkende Mensch sich der Philosophie und der Wissenschaft widmen sollte« und daß die Anwendung solcher Kenntnisse das Dasein bedeutend erleichtern könne. Diese Betrachtungsweise hat dann zum philosophischen Materialismus geführt, der nichts weiter als eine Reaktion auf den absurden Anspruch einer theologischen Kaste war, sie allein sei im Besitz der ein für allemal offenbarten Wahrheit. Entschlossen, an ihren Vorrechten festzuhalten und weiterhin unbeschränkt Herrschaft und Autorität auszuüben, lehnte diese Kaste jede Diskussion ab und brandmarkte alle Andersdenkenden als Häretiker.

Diese Auseinandersetzung beherrschte die damalige Zeit. Schließlich unterlagen die Doktrinäre der Theologie, die sich dem Irrtum hingab, sie allein hüte und entscheide über die Wahrheit. Um so erstaunlicher ist es jedoch, daß gerade die Vertreter des Materialismus, die doch den Absolutheitsanspruch der Theologie so heftig bekämpft haben, bis heute für ihre Doktrin den gleichen Anspruch erheben. Diese Kaste der neuen »Theologen« weltlichen Missionseifers verbreitet heute mit Gift und Galle und unerbittlichem Fanatismus ihre Ideologie und schreckt auch nicht vor Gewalt und Willkür zurück, um jene »uneinsichtigen« Gegner zu vernichten, die nicht bereit sind, sich der Ideologie des Materialismus und ihrer Glücksverheißung zu unterwerfen.

Obwohl der Materialismus ursprünglich nur eine überzogene Reaktion auf die Anmaßung theologischer Unfehlbarkeit darstellte, wird er so bald nicht wieder verschwinden und in den verschiedensten Ausprägungen weiterleben. Das materialistische Credo, das nur das als wahr anerkennt, was sich beweisen läßt, unterscheidet sich in diesem Punkt nicht vom Glaubensbekenntnis eingefleischter Naturwissenschaftler, aber es stellt sich zugleich dem menschlichen Streben entgegen, die Wahrheit ohne den Rückgriff auf ein Dogma zu erkennen. Wenn Menschen nicht bereit sind, Meinungen, die ihrem innersten Gefühl widersprechen, für der Wahrheit letzten Schluß zu halten, so sind sie in Gefahr, aus Unsicherheit und Angst ideologischen Scharfmachern aufzusitzen. Es ist ein zunächst ganz natürlicher Impuls, sich an eine Ideologie anzuklammern, wenn man hofft, auf diese Weise bohrenden Zweifeln zu entkommen.

Das Verlangen nach Sicherheit erklärt, warum sich der Mensch zu einem gewissen Zeitpunkt in der Geschichte dem Glauben verschrieben hat, daß die Wissenschaft auf alles eine Antwort geben könne. Die Wissenschaft ihrerseits versprach der Menschheit die magische Formel, die alle Geheimnisse der Natur, einschließlich des Rätsels Mensch, erklären werde. Obwohl sie noch immer nicht gefunden ist, hat das wissenschaftliche Zeitalter einen Menschentypus hervorgebracht, der nur seine persönlichen Erfahrungen gelten läßt. Diese Tatsache erklärt auch, warum heute so viele kleinere oder größere Gruppen aus dem Boden schießen, deren Mitglieder gemeinsam nach einem Sinn des Lebens suchen.

Das wissenschaftliche Zeitalter veranlaßt die Menschen, ihre Suche nach Erkenntnis auf Erfahrungen zu gründen, durch die sich – wenn die Phantasie sie nicht verfälscht – bestimmte Hypothesen auf empirischer Basis bestätigen oder widerlegen lassen. Die Erfahrung kann selbstverständ-

lich ausgeweitet werden; auch können solche hypotheti-
schen Annahmen verbessert, präzisiert und auch immer
wieder neu überprüft werden. Maßgebend ist aber, daß der
Mensch des wissenschaftlichen Zeitalters nur akzeptiert,
was vor seiner Vernunft Bestand hat. Darin liegen seine
Stärke und seine Schwäche.

Seine Stärke liegt in der Tatsache begründet, daß die wissenschaftliche Methode der Beweisführung, die empirische
Überprüfbarkeit und Wiederholbarkeit eines wissenschaftlichen Versuchs voraussetzt, den Geist der Kritik fördert.
Der von diesem Denken geprägte Mensch erkennt im allgemeinen als wahr oder tatsächlich nur das an, was beweisbar
ist. Diese kritische Haltung kommt der Klarheit des Denkens zugute. Wenn einem Menschen ein gesundes Maß an
wissenschaftlicher Ehrlichkeit zu eigen ist, so kann er sich,
wenn er aufgrund der Erfahrung nicht weiterkommt, dazu
durchringen, sich in wichtigen Fragen eines Urteils zu enthalten, also zu Bescheidenheit oder – wie man es früher
nannte – zu der demütigen Anerkennung der eigenen Begrenztheit finden.

Die Kehrseite der Medaille ist jedoch, daß es einem solchen Menschen äußerst schwerfällt zuzugeben, daß es möglicherweise auch Unbegreifliches gibt oder, anders gesagt,
daß Unbegreifliches möglich ist. Die Wissenschaft stößt ihn
jedoch geradezu darauf. Der wissenschaftliche Zweifel
schließt die Möglichkeit nicht aus, der Natur die Entdek-
kung weiterer bislang noch unbekannter Gesetzmäßigkeiten abzuringen.

Der materialistisch orientierte Mensch hat unter Berufung auf die Wissenschaft allzulange nicht in sein Konzept
passende sogenannte »Wundererscheinungen« glattweg in
Abrede gestellt; jetzt, da die moderne Parapsychologie viele

derselben den Phänomenen nach nachgewiesen hat, vermag er ohne innere Widerstände anzuerkennen, daß es die außersinnliche Wahrnehmung (volkstümlich Telepathie und Hellsehen) und andere parapsychische Phänomene gibt, die allerdings über Energien ablaufen, für die es heute noch keine allgemeingültige Erklärung gibt. Heute weiß man auch, daß bestimmte Formen der Geistheilung, beispielsweise die Heilung kraft Glaubens oder durch Handauflegen, obwohl sie wissenschaftlich noch nicht erklärbar sind, wirksam, also Wirklichkeit sind.

Sind wir daher nicht aufgefordert, uns solches Neuland zu erschließen und in uns schlummernde Fähigkeiten zu wecken und zu aktivieren? Ist es nicht eine großartige Aufgabe, unsere Erkenntniskräfte zu erwecken, die Gesetze der Natur zu entdecken und anzuwenden oder auch auf der Klaviatur noch unbekannter Energien zu spielen? Ist das alles nicht Herausforderung genug, die unseren ganzen Einsatz rechtfertigt?

Die vorstehend vorgebrachten Argumente zeigen die Schwachstelle eines Materialismus auf, dessen Verfechter zwar ihre Theorien der Tatsache, daß es nicht mehr beobachtbare Prozesse in der Natur gibt, angepaßt haben, jedoch jegliche Transzendenz leugnen.

Wir sollten uns demgegenüber bewußt sein, daß das bereits beschriebene »Erwachen« des Menschen dank Erkenntnis gleichbedeutend ist mit der Einweihung in die Geheimnisse der Natur; dieses Erwachen setzt die Annahme des Gesetzes der überweltlichen höheren Ordnung voraus.

Der wissenschaftliche Zweifel kann in uns durchaus auch Entwicklungen auslösen, die zum »Erwachen« führen. Die Freisetzung ungeheurer Energien und die Eroberung des

Weltraums zeitigen in verschiedenerlei Hinsicht wün-
schenswerte Wirkungen, und zwar weil sie dem dynamischen Unternehmungsgeist Auftrieb geben und einen Prozeß schöpferischer Bewußtseinserweiterung in Gang setzen.
Wenn wir jedoch nach Macht streben, verwandeln sich die
von der Wissenschaft nutzbar gemachten Energien in zer-
störerische Kräfte, die die Menschheit zu vernichten dro-
hen.

Zwar ist mit Schwarzmalerei gewiß niemandem gedient,
aber immerhin sollten wir uns doch einige Tatsachen vor
Augen halten. Man weiß,

○ daß weltweit pro Jahr zwanzig Millionen Hektar Wald
   abgeholzt werden,
○ daß die tropischen Regenwälder von der Vernichtung
   bedroht sind,
○ daß wir einer Wasserknappheit entgegengehen,
○ daß die Zahl der aussterbenden beziehungsweise vom
   Aussterben bedrohten Tier- und Pflanzenarten rapide
   zunimmt,
○ daß die steigende Kohlendioxydkonzentration und die
   Beschädigung der Ozonschicht der Atmosphäre zu dra-
   matischen Klimaeinbrüchen führen werden.

Sind wir uns eigentlich bewußt, daß all das nur einen Teil-
aspekt der allgemeinen Verschlechterung der Lebensbedingungen auf unserem Planeten darstellt? Eigentlich wissen
wir alle, wie es um die Erde steht, aber indem wir so tun, als
wüßten wir es nicht, erhalten wir uns unser gutes Gewissen.
Dabei vergessen wir, daß der bewußt vorgetragene wissenschaftliche Zweifel an heute noch aufrechterhaltenen Behauptungen nur von Nutzen für die Menschheit sein kann.
Er kann uns helfen, überlebte Überzeugungen aufzugeben
und Neues ins Auge zu fassen. Dann erst würden wir Ein-

blick gewinnen in die Struktur bisher unlösbar erscheinender Probleme, die wir entweder falsch gesehen haben oder nicht haben sehen wollen.

Wissenschaftliche Forschung offenbart das komplexe Beziehungsgeflecht zwischen den diversen Energieformen und -abläufen, also jenen Ariadnefaden, der alle Phänomene des Kosmos im Rhythmus des Lebens eint und mit dem schöpferischen Prinzip verbindet, das heißt mit dem dynamischen Prinzip, das den Entfaltungsprozeß des Lebens auf Erden und jeden Fortschritt ermöglicht.

Der Irrtum beginnt dort, wo wissenschaftliche Forschungsergebnisse und ihre Anwendung einem geschlossenen technokratischen System, in dem alles ausschließlich technologischen Bedürfnissen unterworfen ist, dienstbar gemacht werden. Ohne geistigen Ausblick, ohne das Bewußtsein einer überweltlichen Logik, die im Menschen und im Universum wirkt, sind wir blind.

Die wissenschaftliche Methode gestattet es uns zwar, bestimmte Ziele systematisch zu erreichen und bestimmte Türen aufzustoßen; sie ist jedoch ganz sicher kein Universalschlüssel.

Eine Erklärung der letzten Ursachen, des Sinns und des Zwecks unserer Existenz läßt sich nur jenseits jedweder Methode finden. Die Wissenschaft veranlaßt den Menschen zu beobachten, um Wissen zu erlangen; die Metaphysik lädt uns ein, die Erscheinungen in ihrem Zusammenhang zu sehen, um zu verstehen. Erst Wissen *und* Verstehen führen zur Erkenntnis. Daher aber repräsentiert das durch wissenschaftliche Methoden gewonnene Wissen einen wesentlichen Aspekt der menschlichen Entwicklung und markiert in der heutigen Welt einen Wendepunkt dieser Evolution.

Der Fehlglaube, die Wissenschaft sei Selbstzweck, hemmt den Menschen, seine eigentlichen Möglichkeiten zu erkennen und sich wahrer Selbstentfaltung zu erfreuen. Die Wissenschaft hat uns neue Wahrnehmungs- und Tätigkeitsfelder erschlossen, wie sie Altertum, Mittelalter und Neuzeit bisher nicht kannten. Wir sind der Wissenschaft daher zu Dank verpflichtet und wollen uns vor dem Genius des Menschen verbeugen, der ein Abglanz jenes Genius ist, dem sie jeglichen Fortschritt verdankt.

KAPITEL 19

Gebote der Vernunft

Wenn eine ständige und allgemeine Unzufriedenheit auf sozialer und politischer Ebene, im Feld nationaler und internationaler Beziehungen vorherrscht und sich immer weiter ausbreitet, wenn die »Macht der Umstände« die Welt an den Rand des Abgrunds treibt, dann ist es höchste Zeit für grundlegende Veränderungen, und zwar in erster Linie in geistiger Hinsicht – ohne die richtige Geisteshaltung kann nichts Wertvolles entstehen.

Ein zusammenfassender Überblick über die Hauptprobleme unserer Welt kann eine Hilfe sein, sie in ihrer ganzen Verflechtung und Komplexität zu verstehen, und Ansatzpunkte zu ihrer Überwindung sichtbar machen. Die privilegierte Rolle, die das Abendland in den letzten zweitausend Jahren spielte, sollte uns den Mut einflößen, mit diesen Veränderungen zu beginnen, denn andernfalls werden wir und die ganze Menschheit die Konsequenzen unseres Versagens zu tragen haben.

Was aber sollen wir tun? Wie können wir jene Weisheit, die ein Erbteil einer langen historischen Erfahrung ist, mit den Forderungen des Tages in Einklang bringen? Das sind die Fragen, mit denen wir uns auseinandersetzen müssen. Sie verweisen uns direkt auf das Problem der Erziehung, das heißt auf die Notwendigkeit verständiger Eltern, denen die nicht leichtzunehmende Verantwortung zufällt, ihre Kinder heranzubilden, ohne sie zu verbilden.

Die erste und tiefgehende Prägung der Persönlichkeit erfährt das Kleinkind aufgrund der Umwelteinflüsse, denen es ausgesetzt ist, denn das Nervensystem des Neugeborenen ist noch nicht voll ausgebildet, und seine Gehirnzellen sind noch besonders empfänglich für innere und äußere Reize.

Wie wirken nun Eltern und Gesellschaft auf den geradezu alchimistischen Entfaltungsprozeß des hilflosen kleinen Wesens ein? Welche ersten Eindrücke und Erfahrungen bieten sie ihm? Sind es nicht lautstarke Auseinandersetzungen und Streit, sexuelle Verirrung, kleinliche Vergeltungssucht, Glaubensverwirrung und wirtschaftliches, gesellschaftliches, politisches und sportliches Konkurrenzdenken?

Sind wir wirklich so krank, daß wir ohne Unterlaß unsere Laster im Fernsehen verbreiten und unsere Zeitungen mit Beschreibungen unserer schlimmsten Exzesse füllen müssen? Oder unterschätzen wir nur die Folgen unserer Fahrlässigkeit? Wir sehen nur die Oberfläche einer reichlich chaotischen Welt, ohne die Wurzeln des Übels zu erkennen, das die Lebenskräfte des Planeten aufsaugt.

Wir lehren unsere Kinder tausend Belanglosigkeiten und vergessen dabei das Wesentliche. Wir erklären ihnen nicht, was sie sind, wohin sie gehen und wie man stirbt, und zwar nicht nur – eines fernen Tages – physisch, sondern unmittelbar in jedem Augenblick, indem man sich falschen Eindrücken übergibt, die nur unserer Wirrnis und Angst entspringen. Verwirrung und Unwissenheit richten tagtäglich das Verhängnis der jungen Menschen ein. Kein Wunder, daß diese versuchen, das Chaos, dessen Zeugen sie sind, in eine ideale Gesellschaft umzuwandeln. Nur übersehen sie dabei leicht, daß sie mit diesem Bemühen bei sich selbst anfangen müssen.

Aus Unwissenheit und Gleichgültigkeit vergrößern die Eltern noch die Verwirrung ihrer Kinder durch ein Verhalten, dem ein Kind seelisch nicht gewachsen ist. Der Mangel an Zuwendung und Liebe wird allzuoft ausgeglichen, indem das Kind materiell verwöhnt wird. Die Folge ist Unzufriedenheit, die sich dem kindlichen Unterbewußtsein einprägt. Einem Schwamm gleich saugt es sich mit falschen Ansichten und Vorstellungen voll.

Wir jedoch übersehen nicht, daß eine heilsame Reaktion sich bereits abzeichnet. Der Wille, sich als nützlich zu erweisen, nimmt im Bewußtsein der neuen Generation immer konkreter Form an.

Dieser Wille entwickelt sich heutzutage im allgemeinen zur Zeit, da die Jugendlichen am Ende ihrer Ausbildung eine Wahl treffen müssen. Ihre Wahl ist jedoch heute infolge der weltweiten wirtschaftlichen Schwierigkeiten, die zu einer tiefen Beunruhigung insbesondere der Jugend führen, erschwert. Man hört dann seitens junger Menschen Aussprüche, die typisch für deren seelischen Zustand sind: »Bringt ja doch alles nichts!« »Wenn es nur etwas Sinnvolles für mich zu tun gäbe!« »Ich würde mich gerne nützlich machen, aber ich wüßte nicht, was ich tun könnte.«

Dies sind nur einige Beispiele unter vielen. Es ist nicht leicht, einer Generation, die ihren Weg sucht, verständlich zu machen, wie sie am ehesten aus der Sackgasse herauskommen und die Tiefe ihres Wesens entdecken kann, damit sie ihre Fähigkeiten und Begabungen richtig einzusetzen und optimal zu entwickeln vermag. Wenn wir eine Tätigkeit vor allen anderen empfehlen, und zwar nicht aus materiellen Gründen, sondern um der inneren Entwicklung wil-

len, so wirft das eine Menge konventioneller Vorstellungen
über den Haufen.

Die Wahl des Berufes oder eines Arbeitsplatzes einerseits
und die Vergabe eines Postens andererseits sollten ausschließlich nach dem Kriterium des Engagements und der
Entwicklungsmöglichkeit des Betreffenden im Rahmen
dieses Postens erfolgen. Würde diese einfache Regel beher-
zigt, wäre eine wesentliche Verbesserung der Lebens- und
Arbeitsbedingungen aller Mitglieder der Gesellschaft die
Folge. Das würde nicht nur dem Berufsethos, sondern auch
den zwischenmenschlichen Beziehungen zugute kommen.
Der einzelne wäre mit seiner beruflichen Tätigkeit nicht nur
aus materiellen Gründen verbunden, sondern auch durch
das Bewußtsein, nützlich zu sein und dem Wohl aller Mitglieder der Gesellschaft zu dienen.

Der Wunsch, nützlich zu sein, ist ein urmenschliches Be-
dürfnis und ein starker Antrieb. Unter diesem Gesichtspunkt muß man auch das Problem der Arbeitslosigkeit und
des Ruhestandes und die mit diesen verbundenen immen-
sen seelischen Belastungen der davon Betroffenen sehen.
Für Arbeitslose Lösungen zu finden ist heute wichtiger
denn je, da die in immer rascherem Tempo fortschreitende
Automation eine große Zahl von Menschen von ermüden-
den Tätigkeiten entbindet – was eine sehr positive Perspektive wäre, wenn diesen Menschen alternative Möglichkeiten der Selbstentfaltung geboten wären.

Eine solche Alternative stellt aber nur eine Aufgabe dar,
die der Qualifikation des Betreffenden entspricht und dem
Gemeinwohl dient. Der Begriff des Gemeinwohls ist jedoch
sehr vage und bedarf daher einer näheren Erläuterung.
Ausgehend von den bis hierher angestellten Überlegungen
sollte die Gesellschaft jede individuelle Leistung anerken-

nen, auch wenn sie nicht aus einem vertraglich geregelten Arbeitsverhältnis hervorgegangen ist.

Es ist nicht leicht, in einem kurzen Abriß Lösungsmöglichkeiten für das komplexe Problem der Arbeitslosigkeit anzubieten. Materielle Unterstützung allein genügt sicher nicht, um das Los der betroffenen Menschen zu erleichtern. Wer die Dringlichkeit des Problems leugnet, setzt sich über eine offenkundige Tatsache hinweg, die sich jedem von uns früher oder später unvermeidlich aufdrängen wird. Auch wenn endgültige Lösungsvorschläge noch nicht möglich sind, so wird doch allein schon die offen ausgetragene Auseinandersetzung mit der Problematik der Arbeitslosigkeit die notwendigen Lösungen ans Tageslicht bringen.

Ob wir nun einen neuen Humanismus erörtern oder soziale Veränderungen, Sinn haben solche Erwägungen nur, wenn wir die Welt und den Menschen so sehen, wie sie sind. Tatsachen lassen sich durch die Slogans irgendeiner Ideologie nicht ändern. Daher müssen wir den Erfahrungen der Vergangenheit Rechnung tragen, um Mittel und Wege für die Gestaltung der Zukunft zu finden.

Alle in Europa im Laufe der Jahrhunderte praktizierten Staats- und Regierungsformen haben Vorläufer im alten Griechenland oder in Rom. Die Vielfalt der Regierungsformen hat es den einzelnen Völkern und ihren politischen Führern gestattet, die eine oder die andere zu wählen.

An dieser Stelle geht es nicht etwa um einen kritischen Vergleich der verschiedenen staatsrechtlichen Verfassungen. Beispiele der Geschichte stellen alle nur Experimente dar, aus denen wir lernen können. Alles in allem ist jene Staatsverfassung die beste, in der die Regierenden sich den wahren Bedürfnissen der Regierten optimal anpassen.

Als SOLON in Athen die Republik einführte, schützte er als erstes die Rechte der für das Gedeihen des Stadtstaates wichtigen Kaufleute. Was damals richtig war, könnte in ähnlicher Weise auch heute richtig sein; die Repräsentanten von Handel, Gewerbe und Industrie müßten allerdings ihre menschliche Verantwortung erweitern. Alle beruflichen Aktivitäten im Rahmen eines Unternehmens sollten dazu dienen, das Verantwortungsgefühl und das Gemeinschaftsdenken der Mitarbeiter zu stärken, und das verlangt seitens der Unternehmensführung, daß sie über die Grenzen ihres eigentlichen Tätigkeitsfeldes hinausgeht, daß sie sich die Interessen ihrer Mitarbeiter bewußtmacht und sich diesen soweit wie möglich anpaßt, so daß das Ganze, auch das Verhältnis der Unternehmen untereinander, harmonisch gedeihen kann.

Natürlich ist das nicht einfach, nachdem unser Wirtschaftsleben heute im Zeichen scharfen Wettbewerbs steht. Hier soll auch nicht etwa einem neuen Wirtschaftssystem das Wort geredet werden; betrachten wir die Dinge realistisch. Da das Fehlen des Konkurrenzprinzips die Motivation des einzelnen untergräbt, müssen wir sehen, daß der Wettbewerb, wenn er sich nicht unlauterer Mittel bedient, auch seine positive Seite hat. Gibt es also eine Lösung dieses Problems?

Lösungsversuche müssen immer bei den Menschen ansetzen. Nehmen wir an, die führenden Persönlichkeiten der Wirtschaft wären ihrer Erkenntnis nach von elitärer Qualität. Sie würden sachverständig ihre Arbeit leisten, aber nicht von ihren eigenen Interessen, von falschem Rivalitätsdenken und sozialem Dünkel verblendet sein. Ihre Sachkompetenz ginge Hand in Hand mit einer Grundhaltung, die die auch im Wirtschaftsleben zur Geltung kommenden menschlichen Werte richtig einzuschätzen weiß. Wäre damit nicht schon vieles anders und besser?

Wenn die vorstehenden Ausführungen seitens des Lesers vielleicht auf Zweifel stoßen sollten, so gebe ich zu bedenken: Der Mensch muß das als richtig Erkannte tun – unabhängig davon, wie hoch er die Erfolgsaussichten einschätzt. Um dies einzusehen, muß eine Bewußtseinsänderung stattfinden, und diese ist in allen Lebensbereichen und auf allen Ebenen notwendig.

Heutzutage erwartet man von einem Staatsmann, daß er über alle möglichen hervorstechenden Eigenschaften verfügen müsse – außer die der Menschlichkeit, die ihn verwundbar machen würde. Das ist ein fundamentaler Irrtum! Unvoreingenommenheit, ein gesunder Tatsachen- und Gerechtigkeitssinn, die Freiheit von Eigenliebe und Eigeninteressen und die Bereitschaft, dem Gemeinwohl zu dienen, das alles sind hervorragende menschliche Eigenschaften, die ein Staatsmann haben muß oder haben müßte.

Er muß allerdings, wenn es um die Verteidigung wesentlicher Werte geht, auch unbeirrbar, notwendigenfalls streng sein. Aber: Ein Staatsmann ist kein Prediger. Es ist nicht seine Aufgabe, auf »Sünden« der Vergangenheit herumzureiten, noch soll er den Bürgern zukünftiges Glück verheißen, indem er Unmögliches verspricht. Er muß seines Amtes walten, das heißt, er muß Sorge dafür tragen, daß das ganze Räderwerk der staatlichen Organisation optimal ineinandergreift. Die Richtigkeit seiner Politik muß sich an ihren praktischen Ergebnissen erweisen. Daher muß er folgerichtig denken können, anpassungsfähig sein. Wer sich Anpassung an die sich ändernden Umstände aus ideologischen Gründen glaubt nicht leisten zu können, ist als Staatsmann fehl am Platz.

Ein wahrer Staatsmann löst sich von der Vergangenheit, träumt nicht von der Zukunft, aber er nutzt seine Erfahrungen, um in der Gegenwart zu handeln und künftige Entwicklungen vorherzusehen. Er handelt nicht auf der Basis persönlicher Meinungen und Vorlieben. Er sieht die Dinge, wie sie sind. Er berücksichtigt die geistigen Strömungen seiner Zeit und weiß um die Tugenden und Laster seiner Mitbürger. Er hat den Überblick über die Beziehungen seines Landes zur übrigen Welt. Er richtet niemals Zerstörung an und lenkt alle Kräfte auf die Verwirklichung des Gemeinwohls hin, auf das Wohlbefinden der ihm anvertrauten Menschen.

Er umgibt sich mit Mitarbeitern, deren geistige Freiheit der seinen entspricht. Entscheidungen trifft er aufgrund seiner Sachkompetenz und des von ihm als richtig Erkannten, wobei er sicherstellt, daß seine Mitarbeiter, die seine Entscheidungen in die Praxis umzusetzen haben, diese auch verstehen.

Dieses Bild des wahren Staatsmannes mutet vielleicht ein wenig euphorisch an. Das scheint nur heute so, morgen kann diese Vision Wirklichkeit sein. Bedenken Sie, daß es einer einschneidenden Wandlung bedarf, wenn die Welt nicht zugrunde gehen soll. Dazu müssen alle Menschen beitragen, allen voran ein Staatsmann.

In manchen alten Kulturen führte der herrschende Staatsmann seinen Ursprung auf die Götter zurück. So ließ sich zwar bequem seine Autorität legitimieren, es bestand aber auch die Gefahr, daß auf diese Weise Unfähigkeit gerechtfertigt beziehungsweise kaschiert werden konnte. Der wahre Staatsmann muß zwar mit Autorität regieren, aber er darf das freie Spiel der Kräfte nicht behindern. Er muß das Paradox fertigbringen, mit voller Autorität all die Maßnahmen zu verfügen, die ein Höchstmaß an Freiheit garantieren, ohne der Zügellosigkeit Vorschub zu leisten.

Regieren heißt, die Wirklichkeit in ihrem Bewegungsprozeß wahrzunehmen. Eine Maßnahme, die heute richtig ist, kann morgen durchaus falsch sein. Die besten Absichten nützen nichts, wenn die Bedingungen, die sie gestern nahegelegt haben, heute nicht mehr bestehen. Daher muß der wahre Staatsmann geistig flexibel sein, um jene Entwicklungen zu fördern, die an der Zeit sind. Er wird die Tradition achten und zur Stützung seiner Macht weder des Polizei- noch des Militärapparates bedürfen. Seine Leistung und sein Verdienst erwachsen ausschließlich seinem menschlichen Wert und seiner umsichtigen Vernunft, die ihn für den unparteiischen Rat verantwortungsbewußter Individuen offensein läßt. Wenn er die Sachkenntnis und Autorität solcher Menschen anerkennen kann und die Vorschläge solcher uneigennütziger Berater bedachtsam in die Tat umsetzt, so erhebt er sich zu seiner wahren Berufung.

KAPITEL 20

Der Weg der Einweihung

Wir sind davon ausgegangen, daß ein Mensch, der seiner Erkenntnis nach zur Elite gehört, die Wirklichkeit erkennt, sei diese Wirklichkeit nun sichtbar oder unsichtbar. Er richtet sich in seinem Verhalten nach einer Wertehierarchie, der er in seinem Handeln sinnvoll Ausdruck verleiht. Er wird sich daher um die Entwicklung eines Bewußtseins bemühen, dessen zutiefst menschliche Qualitäten einem dem Menschen innewohnenden Prinzip entsprechen und in seinen beruflichen, wirtschaftlichen, finanziellen, sozialen und politischen Aktivitäten spürbar werden. Wenn dieses Prinzip nicht verdrängt wird, tritt in ihm die überweltliche Ordnung zutage.

Die Erkenntnis dieser höheren Ordnung ist für den Menschen notwendig, wenn er die drei Ebenen seiner Existenz – die physische, die psychische und die geistige – miteinander in Einklang bringen will.

Vom philosophischen Standpunkt aus könnte man sagen, daß alles, was in die überweltliche Ordnung eingebettet ist, sich im menschlichen Denken widerspiegelt, solange dessen Rhythmus mit dem Rhythmus der Seele, des vitalen Zentrums der drei Ebenen, übereinstimmt.

Die im Denken sich derart widerspiegelnde höhere Ordnung verlangt von uns, daß wir hinsichtlich der Werte, die es zu fördern oder zu verteidigen gilt, Prioritäten setzen. Nur so kann auch verhindert werden, daß in der menschlichen Gesellschaft bestimmte Bereiche einseitig und ohne Rücksicht auf das Ganze entwickelt werden, wie dies aufgrund der zunehmenden Intellektualisierung und Spezialisierung derzeit geschieht. Ein bewußt lebender Mensch wird immer darum bemüht sein, die Lösung von Einzelproblemen im Hinblick auf das Gemeinwohl anzugehen, ohne persönliche oder ideologische Voreingenommenheiten oder seine eigenen Vorlieben aufkommen zu lassen, und er wird die Entscheidungen treffen, die ihm seine Vernunft eingibt.

Wenn wir nicht irregehen wollen, müssen wir uns klarmachen, daß der Weg zur geistigen Erweckung ein Weg der Einweihung in die Geheimnisse der menschlichen Existenz ist. Und da wir hier und jetzt auf der Suche nach Erkenntnis sind, müssen wir unseren Weg als den geistigen Weg der abendländischen Welt erkennen.

»Ich bin der Weg, die Wahrheit und das Leben«, hat JESUS gesagt und hat so die drei Aspekte der *einen* einzigen Wirklichkeit aufgezeigt. Nicht zufällig nannten die ersten Christen ihren Glauben »den Weg«.

Der chinesische Weise LAOTSE hat die Grundbegriffe der Weisheit seines Landes im *Tao* zusammengefaßt, was soviel bedeutet wie »der Weg«. Die Kato-Indianer nannten den ersten Menschen NAGAICO, den großen Wanderer, Mittler zwischen dem täglichen Sonnenweg und dem nächtlichen Mondweg.

Wir sind Wanderer auf Erden in mehr als nur einem Sinn. Wir bewegen uns zwar in der Horizontalen, unsere geistige Entwicklung weist jedoch nach oben. Das Bild des Kreuzes symbolisiert den Schnittpunkt unserer irdischen und geistigen Wanderschaft. Es erweckte in den Menschen die Idee einer Seele, die sich auf eine lange Reise begibt und dabei über sich selbst hinauswächst, um wiedergeboren zu werden. Auf der Ebene der uns näherliegenden alltäglichen Erfahrung setzt uns die Anziehungskraft der unbekannten Weite auf die Wanderschaft. Sie ist immer auch, bewußt oder unbewußt, Ausdruck der menschlichen Sehnsucht nach Erkenntnis.

Während der Mensch den Weltraum erforscht und auf dem Mond landet, sind zahlreich auch die jungen Menschen, die mit dem Rucksack auf dem Rücken in die Ferne wandern, viele von ihnen, um die Wahrheit zu suchen, die sie eher in ihrem Inneren finden könnten.

Im Mittelalter mußte jeder, der ein Handwerk erlernen wollte, zuerst bei einem Meister eine Lehre machen. Danach mußte er sich als Geselle einige Jahre auf die Wanderschaft begeben. Der Kontakt dieser Wandergesellen untereinander kam der Entwicklung des Handwerks zugute, und die wandernden Gesellen bildeten ein fortschrittliches Element im wahren Sinn des Wortes. Als die Französische Revolution die Zünfteordnung zerstörte, traten Landstreicher an die Stelle der Wanderburschen, und ihnen fehlte begreiflicherweise der Rückhalt einer Tradition, die wegweisend für den einzelnen ist.

Wenden wir uns nun dem geistigen Weg des abendländischen Wanderers zu. Wie, wann und wo er ihn einschlug, ist in dunkel gehüllt. Betreten wir den Weg dort, wo wir in PYTHAGORAS, dem Meister von Samos, bereits einem Glanzpunkt der Geschichte begegnen. Seine strahlende Autorität war in ganz Großgriechenland spürbar. In dem Innenhof seines Hauses, der »Esoteria«, lehrte er seine Schüler, daß die Evolution das Gesetz des Lebens, die Zahl das Gesetz des Universums und die Einheit das Gesetz Gottes sei.

Im Umkreis griechischer Überlieferung begegnen wir auch APOLLON, dem legendären Licht- und Sonnengott, Symbol der Schönheit, Meister des Rhythmus und Hüter der siebenten Pforte, hinter der sich das Geheimnis des Universums und sein Rhythmus verbergen. Der Begriff des Rhythmus impliziert aber auch den der Frequenz, und Frequenzen lassen sich in Zahlen ausdrücken. Der Legende zufolge wurde die Harmonie der Welt den Schwingungen der siebensaitigen Lyra des Sonnengottes zugeschrieben. Ihm gegenüber steht DIONYSOS, der Gott der Ekstase und Fruchtbarkeit. Diesem kosmischen Geist der Natur und Führer der Seelen, die nach dem Licht suchen, waren – ihm und der DEMETER, der Erd- und Fruchtbarkeitsgöttin – die Eleusinischen Mysterien geweiht.

Es heißt, daß die Mysterien von Eleusis ORPHEUS einführte. Die große orphische Tradition war bemüht, einen Weg der Weisheit zu erschließen, der es dem Eingeweihten, dem zu den Mysterien Zugelassenen, ermöglichte, die kosmische Harmonie zu entdecken, um dann im Wissen um den kosmischen Fortschrittsplan mitzuhelfen, alles Bestehende der Vollkommenheit zuzuführen.

Vergegenwärtigen wir uns, daß uns die Vergangenheit – der in der großen Festnacht der Eleusinischen Kultfeier von Fackelträgern symbolisierten Feuerschlange vergleichbar – in ihrer spiralenförmigen Bewegung immer wieder einholt, um uns daran zu erinnern, daß alles, was ist, seine Wurzeln in dem hat, was war, und Nährboden ist für das, was sein wird.

Lassen wir vor unserem geistigen Auge die erhabene Gestalt des PERIKLES, des großen Staatsmanns und Erbauers der Akropolis, erstehen, und gedenken wir des Verfassers menschlicher Urtragödien, des AISCHYLOS, des Helden der Schlachten von Marathon und Salamis, in denen das kleine Volk der Griechen die Großmacht der Perser besiegte. Erinnern wir uns an SOPHOKLES' unsterbliches dramatisches Werk, staunen wir über die Vollkommenheit der Logik des ZENON, hören wir SOKRATES zu, der das Zwiegespräch des Menschen mit sich selbst »erfand« und der seinen Richtern erklärte: »Ich verteidige mich nicht, wie ihr vielleicht glauben könntet, um meiner selbst willen, sondern aus Liebe zu euch, da ich fürchte, daß ihr Gott beleidigt, wenn ihr mich verurteilt.«

Sokrates bereitete den Weg für PLATON und ARISTOTELES. Doch bei der Geburt abendländischen Geistes wirkten auch MELISSOS, EMPEDOKLES, ANAXAGORAS mit – und DEMOKRIT, der schon damals das Atom nicht nachgewiesen, aber postuliert hat. Wir können diese und viele andere griechische Philosophen, deren Denken bis heute gewirkt hat, nur bewundern.

Das griechische »Wunder« bereitete die christliche Offenbarung vor. JESUS verkündete, die Menschen seien göttlichen Ursprungs, aber sie vernachlässigten das Reich Gottes, das innen sei, da sie einander nicht liebten. Er bezahlte seine grandiose und ewiggültige Botschaft der Liebe mit dem Kreuzestod; doch in seiner Nachfolge verbreiteten die Christen seine Ideen in der Welt. Jahrhunderte verstrichen. Die Kirche entschied, was zu glauben war, und Christen verfolgten im Namen Gottes Christen. Dennoch setzte sich die Idee christlicher Liebe und Barmherzigkeit durch, und diese Idee hat trotz Irrwegen, die uns die Geschichte unwiderlegbar vor Augen führt, den Menschen und die Kultur des Abendlandes zutiefst geprägt.

Dann feierte die Wissenschaft Triumphe, und der Mensch vergaß, daß sie sein eigenes Werk ist, und maß ihr Verdienste zu, die ihre Möglichkeiten bei weitem überstiegen, bevor er anfing, sich zu fürchten.

An gewissen Wendepunkten der Geschichte – und an einem solchen stehen wir – muß der Mensch sich auf sein Erbe besinnen und die wahren Werte der Menschheit zur Geltung bringen. Wir Repräsentanten abendländischer Kultur müssen, unserer großen Vergangenheit eingedenk, durch unsere geistig-sittliche Haltung, durch unseren Einfluß und unsere Entschlossenheit beweisen, daß wir bereit sind, für die von uns als wesentlich erkannten Werte einzustehen und ferner echten Fortschritt zu gewährleisten, der sich nur auf der Grundlage der im Einklang mit der höheren Ordnung entfalteten Vernunft verwirklichen läßt. Um dieses Ziel zu erreichen, bedarf es nicht, wie das so viele tun, der ständigen Drohung mit dem Weltuntergang. Die technologischen und wissenschaftlichen Mittel sowie der materielle Reichtum der westlichen Welt sind durchaus hinreichend, solchen Fortschritt zu gewährleisten, wenn die maßgebenden Menschen nur guten Willens sind.

Der Fetisch des Profits um des Profits willen muß allerdings verschwinden und durch eine Motivation ersetzt werden, die dem Wohlergehen aller Menschen dienlich ist. Dabei müssen wir jedoch auch die Tatsache sehen, daß immer weniger Menschen arbeiten, aber immer mehr konsumieren und immer mehr fordern werden. Es wäre falsch, die Augen vor der Wirklichkeit zu verschließen und uns der Illusion hinzugeben, die Reichtümer würden uns aus einem Füllhorn zufließen. Das wäre eine Haltung, die eines denkenden Menschen nicht würdig ist.

Nur die klare Erkenntnis der komplexen, zusammenhängenden Struktur des Weltganzen wird Lösungsmöglichkeiten freisetzen, die unter Berücksichtigung lokaler und regionaler Gegebenheiten und Traditionen in die Tat umgesetzt werden und somit dem Fortschritt der ganzen Menschheit zugute kommen könnten. Nationale Überempfindlichkeit sowie ethnische Gegensätze, Rassenkonflikte, aber auch Macht- und Habgier verantwortungsloser Menschen stehen dem Fortschritt der Menschheit entgegen. Es ist nicht leicht, Uneinsichtige vom Besseren zu überzeugen, und die Durchsetzung selbst richtiger und notwendiger Lösungen unter Druck ist nur selten risikolos und erfolgversprechend.

Dennoch müssen wir das Risiko eingehen, eine gerechte Verteilung der Güter dieser Erde in die Wege zu leiten und jeglicher Ausbeutung Einhalt zu gebieten. Viele der heutigen Ausbeuter halten von den ehemaligen Kolonialmächten aufgegebene Positionen besetzt und rühmen sich, »demokratisch« gewählt zu sein, obwohl sie meist, wie jüngste Geschichte beweist, die Macht ganz einfach auf höchst undemokratische Art an sich gerissen haben.

Eine gerechte Güterverteilung zieht natürlich auch Verantwortung nach sich. Deshalb sollte der einem jeden zukommende Anteil in Relation zu dem Maß an Verantwortung stehen, die ein einzelner oder eine Gruppe von Menschen zu übernehmen bereit ist. Dies aufzuzwingen ist nicht wünschenswert, es muß sich auf freiwilliger Basis durchsetzen. Nur so lassen sich Freiheit und Selbstverantwortung des Individuums vereinen.

Wahre Ordnung kann niemals mit Machtmitteln durchgesetzt werden. Ordnung muß die Entfaltung des menschlichen Potentials möglich machen und den Menschen veranlassen, richtig zu denken und zu handeln in einer Umwelt, die seinen Bedürfnissen entspricht.

KAPITEL 21

Ideologische Fesseln

Der Begriff der Evolution bezeichnet eine schöpferische Dynamik, eine universale Energie, die einem Leitimpuls zu unterstehen scheint. Die Gesamtheit aller Ereignisse, die zu einem gegebenen Zeitpunkt im Universum in Beziehung zueinander stehen, konstituiert die jeweilige Gegenwart und trägt den Keim der Zukunft in sich. In dieser Ordnung spiegelt sich ein kosmisches Bewußtsein wider, das aufgrund unzähliger, sich gegenseitig durchdringender Anpassungsprozesse die Selbstentfaltung des Lebens steuert.

Überlebte Formen weichen neuen Formen, die den Anforderungen des Lebens besser gewachsen sind, und beide weben mit an jenem Faden, der Vergängliches mit dem Ewigen eint. Alles schreitet fort, sei es in unendlicher langsamer Wandlung oder, infolge dramatischer Umweltveränderungen, in raschen Sprüngen. Die Tatsache der Evolution ist in der modernen Naturwissenschaft unbestritten; wie sie jedoch »funktioniert«, ist weitgehend unbekannt. Doch klar ist: Evolution ist eine Dynamik, die in allem pulsiert. Wer ihr Gesetz verstanden hat, der unterwirft sich ihm.

In dem heraufdämmernden neuen Zeitalter wird der geistig erwachte Mensch des Abendlandes auf der Basis der

Tradition und der Evolution, die ihm den Weg weisen, zu einem Handeln finden, das dem kosmischen Bewußtsein entspricht. Inmitten der von Erschütterung zu Erschütterung am Rande des Abgrunds dahintaumelnden Welt müssen wir einen Weg aus der Zerrissenheit finden, den Weg zum Heil.

Wenn wir aller Verhaltensmaßstäbe verlustig gehen, so verlieren wir uns in willkürlichen Meinungen und Vorstellungen, die auf ebenso vagen Beobachtungen beruhen. Solche Krücken mögen uns vielleicht von Augenblick zu Augenblick weiterhelfen, aber sie stehen dem wahren Fortschritt im Wege, der nur aus der ständig fortschreitenden Erkenntnis hervorgehen kann. Eine solche Erkenntnis wird erleichtert durch Symbole, in denen universell gültige Wahrheiten Ausdruck finden.

ZEUS und der Blitz, den er schleudert, stehen für die allmächtige Lebensenergie. Der von HERMES getragene Stab versinnbildlicht den Baum des Lebens, den zwei Schlangen umwinden, welche die gegensätzlichen Naturkräfte, das Passive und das Aktive, symbolisieren. Doch was wir als Gegensätzlichkeit empfinden, ist in Wirklichkeit nur die Komplementarität zweier sich ergänzender Pole.

Der Mensch ist die »Krone der Schöpfung« auf Erden und hat im Laufe der Geschichte verschiedene Kulturen und Zivilisationen geschaffen, die seinem Dasein nach außen wie nach innen Sicherheit gegeben haben. Wir heutigen Menschen müssen unseren Kindern eine Ordnung hinterlassen, die den Erfordernissen des Wassermannzeitalters entspricht. Dies erfordert eine neue Sicht unserer Probleme und ebenfalls neue Lösungsansätze, die den geistigen, wissenschaftlichen und alltäglichen Bedürfnissen der heutigen Menschheit angemessen sind.

Wir Menschen des Abendlandes sind auf der Suche nach uns selbst, ohne zu wissen, wie wir unsere Zivilisation erneuern können. Ideen prallen aufeinander, stoßen sich ab oder ziehen sich an. Wir aber haben uns einem falschverstandenen Realismus verschrieben, einer willkürlichen Anhäufung von Theorien über Theorien. Idealismus, Positivismus, Pragmatismus und Materialismus sind nur einige dieser Systematisierungen, die den Menschen dem Despotismus intellektueller Theorien unterwerfen.

Die assoziative Verknüpfung solcher Gedankenketten hat ein intellektuelles Weltbild hervorgebracht, dessen »Gott« Leistungsfähigkeit heißt. Alle Ideologien huldigen ihm. Das ist begreiflich: Der »Leistungsfähigkeit« auf gesellschaftlicher, politischer, religiöser, militärischer und wirtschaftlicher Ebene bedienen sich die Ideologen aller Schattierungen, die so die Menschenmassen fanatisieren. Der von solchen weltlichen Eiferern aller Richtungen auf den Sockel gehobene Gott ist der Urheber aller historischen Kettenreaktionen, aus denen das Netzwerk der Geschichte geflochten ist. Ihm sollen wir uns, meinen die Ideologen, unterwerfen, damit das alte Spiel unaufhörlich weitergehen kann. Welch traurige Aussicht!

»Der vernünftige Mensch beugt sich den Umständen, wogegen der unvernünftige die Umstände seinen Wünschen beugen will«, meint GEORGE BERNHARD SHAW. Solche ansteckende Unvernunft ist offenbar weit verbreitet. Sie gipfelt in der irrtümlichen Überzeugung ansonsten sogar wohlmeinender Menschen, man dürfe die Freiheit des Individuums zu seinem »eigenen Besten« legitimerweise beschneiden.

Diese Repräsentanten des »Fortschritts« vergessen nur allzuoft, daß die Freiheit das Wesen des Geistes und damit jeglicher Zivilisation und Kultur ist, und untergraben so einen Humanismus, der der Nährboden aller Originalität und Genialität ist und den man nur in Freiheit voll entfalten kann.

Über das Grundprinzip der Freiheit setzen sich die Ideologen höhnend hinweg. Freiheit würde den Klassengegensatz aufheben, dessen die bedürfen, die zum Klassenkampf aufrufen. So kommt es tatsächlich zu Klassenkämpfen, die Konflikte ufern aus, und am Horizont droht Kriegsgefahr.

Der Kampf um die Durchsetzung gegensätzlicher abstrakter Theorien und Doktrinen hat die Menschen in die heutige Verwirrung gestürzt, und in dieser Verwirrung glauben sie, daß Ideen sich selbst genügen und unabhängig und getrennt vom denkenden Menschen bestehen können. Dieser Irrtum eines unhaltbaren psychologischen Dualismus hat wesentlich zu der weit fortgeschrittenen Unterwerfung des Individuums unter Theorien, Dogmen und Systeme beigetragen. Das Ich des denkenden Subjekts ist beflissen, die Idee, die das Allheilmittel gegen alle Übel sein soll, in sein tägliches Leben einzubringen und räumt somit der Idee eine tyrannische Macht ein. Sie beherrscht die Menschen, die sich ihr unterwerfen, und beherrscht schließlich die Gesellschaft.

Obwohl die Geschichte der Gegenwart deutlich genug zeigt, wohin solche Unterwerfung führt, beherrschen Ideologien die Gesellschaften von heute, und die Menschen unterwerfen sich ihrem Diktat aus Gewohnheit, Mangel an Initiative oder aus Trägheit. Jede Ideologie trägt zur intellektuellen Verblendung des Menschen bei und stärkt so das Konzept des historischen Materialismus, das Konzept einer Gesellschaft unterworfener und deshalb ihrer elementarsten Entfaltungsmöglichkeiten beraubter Menschen.

Ein unterworfener Mensch zählt jedoch wenig in einer Welt, in der abstrakte Ideen herrschen. Die ideologischen Eiferer verlangen von uns, die von ihnen verbreiteten Ideen nachzubeten, anstatt etwas für die Entwicklung unserer eigenen Persönlichkeit zu tun. Die Logik solchen Denkens soll uns veranlassen, uns der strengen Disziplin zu unterwerfen, die jeder Ideologie anhaftet.

Wenn wir uns mit einer Welt entmündigter Individuen nicht abfinden, sondern unser Verständnis für die Probleme des Menschen vertiefen und seine Entfaltungsmöglichkeiten fördernde Lösungen finden wollen, müssen wir uns nachdrücklich klarmachen, daß der Mensch denkend in der Welt da ist, wobei dieses Da-Sein als ein metaphysischer Zustand zu verstehen ist.

Wir sollten daher die berühmte kartesianische Maxime »Ich denke, also bin ich« dem neuen Zeitalter anpassen und statt dessen sagen: »Ich denke und bin somit da. Aber jenseits der von meinem Hirn hervorgebrachten Gedanken bin ich im Sein eingebettet da, und zwar als Subjekt, nicht als ein Objekt.«

Wenn wir diesen Standpunkt akzeptieren, so wird uns sehr bald bewußt werden, daß wir noch vieles abschütteln müssen, das unser Denken und Fühlen gefangenhält und unsere Freiheit und Selbstsicherheit einschränkt. Indem wir unsere alltäglichen Bedürfnisse mit der tiefsten Sehnsucht unseres Wesens in Einklang bringen, verstehen wir, daß die Wahrheit und das Leben unsere Selbstentfaltung leiten, deren Ziel die Harmonie auf allen Ebenen unseres körperlichen, seelischen und geistigen Menschseins ist.

Da die meisten Menschen das nicht wissen, überlassen sich ganze Völker der unausgewogenen Politik ihrer Regierung und übernehmen politische, wirtschaftliche und soziale Systeme, die der Vernunft widersprechen. In unserer Zeit entsprechen aber Theorien, Systeme und Dogmen nicht mehr der Sehnsucht einer Generation, die auf der Suche nach dem »ganz Anderen« ist, ohne allerdings genau zu wissen, was sie eigentlich sucht.

Viele der heute verbreiteten Regierungsformen sind veraltet und werden nur durch Improvisation oder Gewalt am Leben erhalten. Diese Wissenschaftler passen nicht mehr in eine Zeit, da Gelehrte und Wissenschaftler auf den verschiedensten Gebieten ihrer Forschungstätigkeit die Einheit des Universums entdecken. Sie gelangen auch früher oder später zu der Einsicht, daß das Prinzip der Freiheit das Ferment einer Welt ist, der der Mensch als bewußtes und verantwortliches Individuum angehört, das frei wählen will, wie es sein Leben gestaltet.

Nur der Mensch und das Geheimnis, das er in sich trägt, können eine Wirklichkeit erschließen, die einen angemessenen sozialen, politischen und religiösen Ausdruck ermöglicht, der sich nicht an Ideologien orientiert, sondern das wahre Menschliche zur Entfaltung bringt. Das aber muß zweifellos das Ziel einer neuzeitlichen Zivilisation sein, die dem Wohl aller dient.

Jeder Einblick in das Mysterium des Menschen, seine Bestimmung und sein Potential setzt jedoch voraus, daß wir uns selbst kennenlernen. Selbsterkenntnis muß daher zu einem Anliegen aller Menschen werden. Nur so lassen sich auch die Probleme der Menschheit lösen.

KAPITEL 22

Erkenne dich selbst!

Wenn wir eine der Entfaltung des Individuums dienende Zivilisation aufbauen wollen, in der die Fähigkeiten des einzelnen Ausdruck finden können, so müssen wir uns für ein Zusammenwirken aller Berufszweige und wissenschaftlichen und künstlerischen Disziplinen einsetzen, damit der menschliche Genius in allen Lebensbereichen erblühen kann. Wenn wir unsere schöpferischen Fähigkeiten erwekken wollen, so bedarf es dazu harmonischer Lebensverhältnisse, und diese sollten die Grundlage einer verantwortungsbewußten und menschenwürdigen Gesellschaft sein.

Unseren Erfindungsgeist, unsere Eigeninitiative und unsere Fähigkeit zu solidarischem Handeln können wir nicht nur in unserem Privatleben, sondern auch im Rahmen unserer Berufstätigkeit entfalten. Diese zwingt uns im übrigen Disziplin auf und erleichtert unser Einleben in die Gesellschaft.

Das Zusammenwirken von Menschen, die sich ein gemeinsames Ziel gesetzt haben, bedarf gemeinsamer Wertvorstellungen. Ein Beispiel für ein solches Zusammenwirken auf der Basis gemeinsamer Wertvorstellungen ist die Theaterarbeit.

Da ist zunächst einmal der Verfasser des Stücks. Er steht sozusagen an der Spitze der Hierarchie aller Mitwirkenden.

Der Regisseur wird zwar den Geist des Werkes respektieren, deshalb aber nicht seinen eigenen Genius verleugnen, der ihn zu einer die Intentionen des Autors berücksichtigenden Interpretation des Stücks drängt. Er wählt die Schauspieler entsprechend ihrer Eignung für eine Rolle aus und erarbeitet in Zusammenarbeit mit dem Bühnenbildner das Bühnenbild. Beleuchter, Techniker, Kostüm- und Maskenbildner erledigen ihre jeweiligen Aufgaben unter seiner Leitung. Auf diese Weise tragen alle zum Gelingen der gemeinsamen Arbeit bei und werden den Erfolg der Aufführung als ihren eigenen ansehen, weil sie von allem Anfang an den Sinn des Werkes verstanden haben.

Wenn wir nun dieses Beispiel ins alltägliche Leben übertragen, dann ist es die Aufgabe der Lehrer, Eltern und generell der Erzieher – ob nun im sozialen, wissenschaftlichen, wirtschaftlichen oder politischen Bereich –, sich Rechenschaft abzulegen über die einzigartige Rolle, die jedem Menschen dank seiner Fähigkeiten zukommt. Damit ein gemeines Wirken von einem kreativen Impuls getragen ist, müssen alle Mitwirkenden sich für das Gelingen des Werkes verantwortlich fühlen, sich mit ihrer Arbeit identifizieren und sich in ihrem Bemühen gegenseitig respektieren. Solcher Gemeinschaftsgeist ist nicht nur auf der beruflichen Ebene jedes einzelnen wünschenswert und nötig, sondern auch, auf breiterer Basis, auf der Ebene einer ganzen Zivilisation – der eben eines neuen Zeitalters, von dem hier die Rede ist.

Das ist zunächst nur eine Vision, aber in unserer von Ideologien beherrschten Welt ist es eines jeden Menschen Pflicht, dafür zu sorgen, daß diese Vision Wirklichkeit wird. Wir müssen endlich erkennen, daß wir zusammenarbeiten, zusammenwirken müssen, um die Bedingungen

schaffen zu können, die es der Freiheit und dem Glück gestatten, sich auf der Erde auszubreiten.

Ist diese Vision etwa neu und originell? Gibt es tatsächlich
nichts Neues mehr unter der Sonne? Kann man das noch
behaupten angesichts der sich beschleunigenden weltweiten
Entwicklungen, die neue Probleme und daher Angst erzeugen? Können wir in unserer von Konflikten und Angst zerrissenen Welt, einer Welt, in der verängstigte Menschen die
soziale Ordnung erschüttern und die erschütterten sozialen
Ordnungen die Staaten ins Wanken bringen und die in ihrer Existenz bedrohten Staaten und Völker ihrerseits Konflikte schüren, grundlegende Veränderungen zum Besseren
anstreben, wenn wir zugleich erklären, dies sei vergeblich,
denn ähnliches sei schon früher erfolglos versucht worden?

Zuallererst müssen wir den Teufelskreis durchbrechen
und uns nicht ständig auf Mißerfolge und Fehler der Vergangenheit berufen, mit denen die Gegenwart nichts zu tun
hat.

In den Regeln einer Gesellschaft, in Gesetzen, Sitten und
Bräuchen kommen die Wertmaßstäbe des Menschen zum
Ausdruck. Sein eigener Wert bemißt sich daran, inwieweit
er sich von Vorurteilen, blinder Leidenschaft und sein Urteil und Verhalten einengenden Umwelteinflüssen freigemacht hat. Das alles sind Begrenzungen, in die man sich
einsperrt, solange man unfrei ist. Jede derartige Beschrän-
kung behindert die Vernunft. Sie muß sich frei entfalten
können, wenn wir jenseits des Anscheins das Wesentliche
erfassen wollen.

Unglücklicherweise können unsere Sinne, auch wenn wir
die höchstentwickelten technischen Hilfsmittel verwenden,
sowohl im unendlich Großen als auch im unendlich Klei-

nen nur einen geringen Teil des Universums wahrnehmen. Die psychologische Struktur des Menschen gestattet ihm nicht die unmittelbare Erkenntnis des Wesentlichen, es sei denn, er ist empfänglich für die subtilsten Schwingungen, was jedoch absolute innere Stille voraussetzt.

Wir leben jedoch hektisch, und unser Geist kommt nie zur Ruhe. Im Zustand der Hast bilden wir uns vieles ein, was unsere ohnehin schon zahlreichen Schwierigkeiten noch vervielfacht und Gefühle der Unzufriedenheit und der Benachteiligung hervorruft. Erkennen wir: In unserem Alltagsleben lassen wir uns ständig von Gefühlen der Unsicherheit und Unzufriedenheit überwältigen. Wir sind daher ständig auf der Flucht vor solchen Gefühlen. Wir wünschen uns Zufriedenheit und hoffen, daß sie uns zuteil wird, sobald wir Sicherheit finden, die uns von Zweifeln und den Gefühlen der Benachteiligung befreit.

Auf der Suche nach Zufriedenheit wollen wir uns selbstverständlich im Leben angenehm und bequem betten und stürzen uns deshalb immer wieder kopfüber in Sicherheit verheißende Illusionen. Wir stellen uns einen Himmel vor, in dem ein allwissender Vater waltet, der allmächtig ist. Es versteht sich von selbst, daß wir uns seiner Gunst versichern wollen. Wir reden uns ein, daß er sich mit der bloßen Fassade tugendhaften Verhaltens zufriedengibt.

Aus diesem Dilemma können wir uns nur befreien, wenn wir den Entschluß fassen, uns einer Dimension der Wirklichkeit zu öffnen, die jenseits spekulativer Vorstellungen und der Grenzen rationalen Denkens beginnt. Erst dann werden wir der Weisheit teilhaftig und fähig, Liebe zum Ausdruck zu bringen. Das aber verlangt, wie gesagt, von uns: Erkenne dich selbst! und zwar ohne den Versuch einer Beschönigung oder Rechtfertigung. Das ist der einzige Weg zu wahrer Urteilsfähigkeit. Nur so können wir unser von intellektuellen, politischen, sozialen und ideologischen Indoktrinierungen blockiertes geistiges Potential freisetzen, nur so können wir zur Vernunft finden und die Verwirrung des Denkens und Fühlens überwinden.

Ohne solche Befreiung fällt der Mensch dem Trugschluß anheim, sich im Zustand der Zufriedenheit und einer Sicherheit zu wiegen, die es nur in seiner Wunschvorstellung gibt und die er in die Außenwelt hineinprojiziert. So kann er dann behaupten, er sei mit der Umwelt eins und mit allen Menschen verbunden, ohne zu erkennen, daß es sich dabei um einen Selbstbetrug handelt.

Es ist ein Selbstbetrug, mit »Maja«, der großen Illusion, zu spielen, indem man »tut als ob«. Wenn jemand mit gekreuzten Beinen am Fuß des Mont Blanc sitzt und sich der Illusion hingibt, seine gute Absicht reiche aus, ihn auf den Gipfel hinaufzutragen, ohne daß er die Mühe des Aufstiegs auf sich nehmen müsse, dann täuscht er sich. Er mag mit sich zufrieden und seiner »Leistung« sicher sein – und ist doch nur ein selbstgefälliger Illusionist, der sich selbst betrügt.

Wenn wir den Weg zu innerer Reife und wahrer Selbstentfaltung gehen wollen, so müssen wir all die ehrgeizigen Träume aufgeben und uns vor selbstgefälligen Illusionen hüten; diese werden nur deshalb so gehegt und gepflegt, weil sie das Gefühl einer falschen Zufriedenheit verschaffen.

Nein, es gibt tatsächlich nichts Neues unter der Sonne, obwohl die Probleme der Menschheit eine neue Dimension angenommen haben. Genausogut kann man aber auch sagen, daß die von einer großen Tradition wie auch von Mißerfolgen und Leiden geprägten Erfahrungen der Vergangenheit die Saat des Wandels enthalten. Wenn wir das begreifen, überschreiten wir die von der Sphinx bewachte Schwelle und treten wahrhaft in das Mysterium des Lebens ein. Seien wir mutig, stellen wir uns der Herausforderung.

KAPITEL 23

Die Wahl, die zu treffen ist

Ohne eine Vision des Ewigen sind wir nicht fähig, die Erscheinungen der Dingwelt ihrem Wesen nach zu erkennen. Diese Vision fehlt uns jedoch, weil wir, gefangen in unserer psychologischen Begrenztheit, nur an dem Interesse haben, was sich im Rahmen unserer beschränkten Sicht abspielt.

Wir begreifen die Welt und das Leben nur vor diesem durch unser Ich gesetzten Horizont und versuchen, unser individuelles Leben physisch und geistig innerhalb der Begriffswelt zu organisieren, die unser Gefängnis ist. Dennoch wünschen und meinen wir, daß die von uns gewählte und erdachte Organisation des Lebens an der überweltlichen kosmischen Harmonie teilhabe und also auch ewig währe. Wir übersehen dabei die Gegensätzlichkeit unserer Haltung.

Wir wollen alles umgehen, was uns einschränkt, lehnen aber die wahre Freiheit ab. Man könnte mit MAURICE MAETERLINK sagen, daß wir Vorübergehende sein möchten, die nicht vorübergehen wollen.

Aber ein Vorübergehender, der nicht vorübergehen will, leidet an seiner inneren Widersprüchlichkeit. Er leidet und sucht deshalb in allen Schattierungen seines Denkens nur eines – Sicherheit. Er schafft sich daher in Glaubensüberzeugungen eine künstliche Gewißheit, die alle Widersprü-

che aufhebt. Leidenschaftlich verteidigt er diese seine
künstliche Gewißheit, und leidenschaftlich verteidigt er seine eigene innere Widersprüchlichkeit gegen jeden, der ihm
widerspricht, und er scheut auch nicht davor zurück, einen
solchen »Widersacher« zu vernichten, um nur der eigenen
Gewißheit nicht verlustig zu gehen.

Wie immer die Rechtfertigungen seines solchen Verhaltens auch aussehen mögen, es zeugt in jedem Fall mehr von
Barbarei als von Zivilisation. Angesichts der Blutbäder,
Morde, Folterungen, Vergewaltigungen und Orgien, zu denen sich Menschen, die sich zivilisiert nennen, hinreißen
lassen, ist man versucht zu denken, daß die Zivilisation der
Barbarei so nahe ist wie poliertes Eisen dem Rost. Ein Wassertropfen genügt, ihn entstehen zu lassen.

So könnte die Zivilisation dem Menschen des neuen
Zeitalters warnend zurufen: »Sei behutsam mit mir, denn
ich bin dein Bollwerk. Die Barbarei ist ein Zustand, in den
ich verfalle, sobald du aufhörst, mir deine Gunst und deine
Sorge zu widmen. Nur diese machen aus mir eine lebendige
Wirklichkeit. Höre auf meine Worte und vergiß niemals,
was ich dir sage: Nur die Ehrfurcht, die du der Vernunft als
dem Ausdruck der höheren Ordnung erweist, und die daraus erwachsende Liebe lassen mich erblühen. Pflücke noch
heute die Rosen des Schicksals, deren subtiler Duft die
Wege der Offenbarung kennzeichnen. Dein Glück hängt
davon ab.«

Die ständigen Erschütterungen im Dasein und im Welt-
geschehen lassen uns an der Möglichkeit des Glückes zwei-
feln. Dennoch ist es der Auftrag des Abendlandes, die
Menschheit aus der Angst zur Hoffnung emporzuheben.
Diese Feststellung ist bereits eine Schlußfolgerung, die die
Wahl erkennen läßt, die getroffen werden muß. Die Ent-

scheidung, vor der wir stehen, ist schwerwiegend. Verfall und Untergang oder Erneuerung und Aufschwung? Bei uns liegt die Wahl.

Schlußbetrachtung

Wir leben in einer Zeit, da die Menschheit über Energien verfügt, die unser ganzes Leben von Grund auf verändern. Diese Energien umgeben uns, durchdringen uns, durchqueren kosmische Weiten. Sie sind allgegenwärtig. Sollte das nicht unter den Menschen aller Erdteile zu einem Gefühl der Verbundenheit führen?

Dennoch hat sich ein Anachronismus bis heute gehalten: Wir klammern uns an überholte Überzeugungen, die uns zu verbürgen scheinen, daß alles eindeutig beantwortet werden könne – mit Gut oder Böse, mit Ja oder Nein. Wir folgen ausgefahrenen Wegen und gelangen zu Schlußfolgerungen, die auf Annahmen beruhen, deren Richtigkeit wir nie geprüft haben. Unsere Probleme gehen wir aus der Sicht eines kleinlichen, egozentrischen Besitz-, Vorteils- und Machtdenkens an.

In unserer von Wellen und elektronischen Impulsen vibrierenden Welt sollte uns die Erfahrung, daß jeder einzelne von uns sich in einer sich stets wandelnden Beziehung zu seiner Umwelt befindet, dazu bewegen, uns zu öffnen und über unsere eigenen Grenzen hinauszuwachsen.

Unglücklicherweise ist das Gegenteil der Fall. Unsere Meinungen trennen uns, unsere Dogmen prallen unversöhnlich aufeinander, und unsere Theorien dienen, scheint es, nur dazu, daß für Streitigkeiten gesorgt ist.

Wir streben nach verwertbarem Wissen, nach Spezial-kenntnissen und Besitz, obwohl doch heute ein umgreifen-des Verstehen unseres Wesens und ein Erkennen des We-sentlichen wichtiger sind denn je. Ein neues Verständnis der Zeitdimension hat allerdings unser ehemals statisches Weltbild in Bewegung gebracht. Auch sind wir psycholo-gisch gewappnet, und wir wollen nicht Sklaven der Tech-nik, des Konsums und der Bürokratie werden. Doch das ist nicht genug.

Nur wenn wir in allen Lebensbereichen unsere wahren Fähigkeiten entfalten, werden wir aufhören, vor uns selbst zu fliehen und Zerstreuung zu suchen, um die Zeit totzu-schlagen. Nur wenn wir unsere schöpferischen Kräfte ent-sprechend unserer Begabung entwickeln und unser seeli-sches Potential zur Entfaltung bringen, können wir unser Schicksal – und das der Menschheit – beeinflussen und auch den Weg finden, der aus dem Labyrinth der Verwir-rung, in dem wir umherirren, zum Licht des Verständnisses führt.

Solange wir uns verheimlichen, daß die Bestimmung des Menschen Entwicklung ist und die Welt ohne einen echten Humanismus, der in unserem tiefsten Sein wurzelt, verlo-ren ist, üben wir Verrat an unserem eigentlichen Auftrag. In dieser Hinsicht sind wir alle mehr oder weniger schuldig!

Wenn wir unsere Bestimmung und unseren Auftrag ver-raten, begeben wir uns auf abschüssiges Gelände, auf dem wir uns haltlos treiben lassen. Es ist schwierig, der eigenen Bestimmung treu zu bleiben. Damit wir das können, müs-sen wir offen sein, das heißt frei von jeglicher Voreinge-nommenheit und frei von jeglicher psychologischen Kondi-tionierung.

Wir sind in den Fallstricken des Daseins gefangen und an Ereignisse, die unserem Leben entsprechen, gekettet, für die wir – zu Unrecht – keine Verantwortung zu tragen glauben. Folglich beklagen wir uns über das »böse« Schicksal oder den »unglücklichen« Zufall, oder wir halten uns für vom »Pech« verfolgt. Sich auf das Schicksal oder den Zufall zu berufen ist immer bequem. Das Schicksal beschenkt oder straft uns.

Der Zufall erweist sich als ein glücklicher oder unglücklicher; er kommt erwartet oder unerwartet. Aber ist das alles nicht reiner Selbstbetrug? Gibt es das tatsächlich, ein gutes oder ein böses Schicksal, einen schicksalsfreundlichen oder -feindlichen Zufall?

Wenn zwischen uns bekannten Ursachen und ihren Folgen ein unerwartetes Ereignis eintritt, so berufen wir uns auf den Zufall oder das Schicksal. Das ist eine bequeme Haltung, denn sie gestattet uns, in unserer Ignoranz zu verharren, ohne uns die Mühe zu geben, nach den Ursachen eines unerwarteten Ereignisses zu suchen.

Als freie Menschen können – und müssen – wir unseren Weg wählen. Diese Wahl sollte von wahrer Vernunft bestimmt sein. Mit Vernunft wählen heißt jedoch, eine Frage in all ihren Implikationen zu überblicken, sie also im Licht einer Wahrheit zu betrachten, die sich immer gleich bleibt und jedem Menschen zugänglich ist, dessen Geist offen und dessen Herz ruhig ist.

Dann erweisen sich Gut und Böse als zwei Aspekte eines existentiellen Entwicklungsprozesses, den der erwachte Mensch frei von jeglicher Voreingenommenheit und unabhängig vom illusionären Schein der Sinneswelt vollzieht. Er ist von dem Bewußtsein getragen, daß er einen Auftrag ausführt, den zu erfüllen seine Bestimmung ist.

Der freie Mensch läßt sich nicht in den Käfig blindmachender Leidenschaften und zweifelhafter Überzeugungen sperren. Er akzeptiert, daß er jeden Augenblick alles vergessen muß, was er je gelernt hat. Er begreift, daß er zu seiner wahren Bestimmung erst dann findet, wenn er seine Ichverhaftetheit und damit die Unwissenheit seines Daseins überwindet. Er spielt das Spiel des Daseins mit, läßt sich aber nicht von ihm verblenden.

Den dunklen Mächten, die ihn bedrängen, begegnet er ohne Furcht. Bewußt wirkt er auf der Bühne der Welt als Schauspieler mit und ist zugleich Zuschauer. Selbst von der Hast und Eile der Welt bleibt er unbetroffen. Er kennt und beachtet die Spielregeln; er weiß um die Dualität in der Welt, aber er weiß auch, daß sie nur im Rahmen des Spieles Geltung hat.

Der bewußte und freie Mensch kann sich dem Spiel entziehen und der Welt den Rücken kehren. Genausogut kann er sie aber auch als sein Laboratorium betrachten, in dem er sich die für seine Selbstentfaltung notwendigen Fertigkeiten erwirbt. In einer Grotte kann der Eremit den Weg der Wahrheit finden. Inmitten der Welt ist Selbsterkenntnis weit schwieriger. Aber eines ist sicher: Jedem Individuum wohnt die Sehnsucht inne, im Leben sein tiefstes Sein zur Geltung zu bringen, Ausdruck dessen, was die höhere Ordnung und Harmonie im Alltagsleben der Menschen widerspiegelt.

Das Gesetz, dem wir alle unterstellt sind, drängt uns zu dieser Harmonie, in der die Gegensätze sich versöhnen. Wenn wir diese Versöhnung unterlaufen, verraten wir unsere Berufung. Die Leidtragenden sind immer wir selbst. Es ist müßig, das Schicksal anzuklagen, den Zufall oder eine geheimnisvolle Macht, die uns verfolgt. Das Unrecht, das uns widerfährt, ist nur eine Illusion. Wir übersehen dabei den notwendigen Entwicklungsprozeß, in dem sich das – vielleicht sogar in mehreren Existenzen geknüpfte – Netzwerk unserer Illusionen und Fehlannahmen Schritt für Schritt auflöst. Die Übel, unter denen wir leiden, sind die Folge unserer Unwissenheit; sie lassen sich aber nicht durch Wissen, sondern nur durch Erkenntnis aus der Welt schaffen.

»Das Böse an sich gibt es nicht«, schrieb einer der großen Meister vom Himalaja einem seiner Schüler. Und er fuhr fort: »Alles Böse, ob groß oder klein, resultiert aus menschlichem Handeln, da der Mensch dank seinem Bewußtsein und seiner Vernunft das einzig freie Wesen in der Natur ist. Der Mensch hat all die falschen Götter erfunden, um seine Gemeinheiten und Verbrechen unter dem Vorwand zu rechtfertigen, die Götter hätten es so von ihm verlangt. Die Natur ist weder gut noch böse. Sie untersteht unabänderlichen Gesetzen. Ihr Ausdruck sind Leben und Freude oder Leid, Zerstörung und Tod. Es ist unsinnig, wofür immer die Natur anzuklagen oder eine imaginäre Gottheit. Die Ursachen allen Leidens liegen im Menschen und seinem Egoismus, der sein Wesen und die Natur verfälscht.«

Unser Egoismus ist tatsächlich der Schleier, der das Schöne, Gute und Wahre vor uns verbirgt. Wir sind zwar erfüllt von guten Absichten, aber größere Wichtigkeit messen wir unseren Wünschen, Besitztümern und Überzeugungen bei. Im Grunde genommen wollen wir nicht verstehen, was die Vernunft uns eingibt; wir ziehen es vor, den Zufall, das Schicksal oder andere Menschen anzuklagen, weil sie uns nicht verstehen. Wir führen Krieg gegen unsere Mitmenschen und rechtfertigen, was nicht zu rechtfertigen ist.

Wenn der Auftrag abendländischer Kultur einen Sinn haben soll, dann gilt es, dafür zu sorgen, daß endlich allen Menschen dieser Welt unbeschadet ihrer Rasse, Nationalität und Religion als Angehörigen einer großen menschlichen Familie Gerechtigkeit widerfahre. Das ist nicht eine moralisierende Feststellung, sondern ein Aufruf zu brüderlichem Verständnis und zur Respektierung des einmaligen Charakters eines jeden einzelnen Menschen in dieser Welt. Zu solcher »Brüderlichkeit« sind selbstverständlich Frauen ebenso aufgerufen wie Männer.

Die Respektierung des Menschen verpflichtet uns, die Verteidigung jedes einzelnen und jeder Gruppe zu übernehmen, die im Namen einer Ideologie oder eines Machtanspruchs unterdrückt werden. Die Achtung vor dem Individuum ist der höchste Wert, den wir Menschen zu verteidigen haben. Wir dürfen daher nicht zulassen, daß Vorurteile sich zum Vor- oder Nachteil der einen oder anderen Gruppe auswirken. Wir müssen tatsächlich eine von einem neuerweckten Humanismus getragene wahrhaft menschliche Tradition begründen, die den Wert des Individuums und seine Rechte und seine Freiheiten über alles stellt.

Alle Möglichkeiten der Erfahrung, die die Welt bietet, stehen uns offen, vorausgesetzt, wir wissen die Chance zu ergreifen. Tag für Tag müssen wir den »Stein der Weisen« suchen. Das *Tao* lehrt uns, unser Körper sei das Gefäß, in dem wir Tropfen um Tropfen, Tag für Tag unsere eigene Unsterblichkeit destillieren.

Wenn wir das große göttliche Werk vernachlässigen, wenn unsere Genußsucht uns von unserer Pflicht ablenkt, so wird uns dies teuer zu stehen kommen. Wenn wir dereinst feststellen müssen, daß wir unser Leben vertan haben, werden wir erschüttert in den Spiegel unserer Verzweiflung blicken, und vielleicht werden wir uns dann umsonst nach Hilfe umsehen. Eine feindliche Welt, von der gleichen Selbstsüchtigkeit besessen wie wir selbst, wird sich von uns abwenden. Wohl möglich, daß dann einer von uns bitter ausruft: »Habe ich das verdient?« Aber die Götter bleiben stumm.

Wäre es da nicht weiser, das große Abenteuer zu wagen und uns einzugestehen, daß »der Herr des Himmels sich im irdischen Menschen offenbaren kann«, wie der Apostel PAULUS es ausdrückt. Wir alle können ein Kanal dieser Offenbarung sein und dabei die unsägliche Freude erfahren, unsere Bestimmung zu erfüllen. Wenn wir uns derart als bewußte Menschen verwirklichen, so werden wir den wahren Sinn unseres Daseins erkennen und auch verstehen, daß Liebe, also wahres Verständnis, alle Konflikte zu lösen vermag.

Möge eine neue Renaissance die Propheten des Untergangs in ihre Schranken verweisen. Und sollte uns dennoch das Schlimmste bevorstehen, so wollen wir ihm gefaßt entgegensehen, um es auf diese Weise dennoch abzuwenden!